2 **Vorneweg**

4 **Basteln und Musizieren**
Adventskalenderbaum; Weihnachtsliederbuch; Triangel; Glockenarmband; Handtrommel; O Tannenbaum; Kling, Glöckchen; Engelschöre musizieren; Der Trommlerjunge

15 **Musizier- und Mitspielsätze**
Wisst ihr, was die Frösche am Weihnachtsabend machen; In der Weihnachtsbäckerei; Feliz Navidad; Ich wünsche mir zum Heiligen Christ; We wish you a Merry Christmas; Sleigh Ride

28 **Tänze und Bewegungslieder**
Oh Weihnachtsmann; Last Christmas; Wonderful Dream

37 **Raps und Kanons**
Holler boller Rumpelsack; Weihnachten (Joseph Eichendorff); Paimen laulaa; Da ist ein Leuchten in der Nacht

43 **Singen und Raten**
Weihnachtsliederrätsel; Nikolaus, Nikolaus (Puzzle-Rätsel); Ihr Kinderlein kommet (Tierkarten-Rätsel)

52 **Heitere Spielstücke mit Musik**
Weihnacht auf hoher See; Morgen kommt der Weihnachtsmann

56 **Audio-Tracks, Autorin, Impressum**

Vorneweg

Die Vorweihnachtszeit stellt immer eine besonde Herausforderung dar. Neben der täglichen Unterrichtsverpflichtung kommen oft Extravorbereitungen für Advents- und Nikolaussingen und Weihnachtsfeiern dazu. Sehr hilfreich und arbeitsentlastend sind dann vorbereitete und erprobte Unterrichtsstunden sowie Tipps und Ideen für Aufführungen und Präsentationen. Dieses Heft enthält Materialien, die genau dafür gedacht sind und leicht umzusetzen sind. Dort, wo es sich anbietet, werden zudem Hinweise auf eine Weiterarbeit nach den Weihnachtsferien gegeben, sodass die Inhalte dieses Hefts auch außerhalb der Adventszeit nützlich sein können.

Alle Unterrichtsangebote sind während der Arbeit in der Grundschule mit den Klassenstufen 1-6 entstanden und haben den Kindern viel Spaß gemacht. Bastelarbeiten, Tänze und Theateraufführungen bieten sich besonders gut für eine Zusammenarbeit mit anderen Fächern an. Die Beiträge halten eine große Vielfalt an unterschiedlichen musikalischen Angeboten bereit. Die meisten der Angebote sind auch ohne eine Fachausbildung in Musik durchführbar.

Im Unterricht

Wegweiser

Der musikalische Adventskalender gliedert sich in sechs Kapitel, die unter verschiedenen Schwerpunkten zusammengefasst sind. Im Mittelpunkt steht immer der Bezug zur Musik, auch wenn gebastelt, gerätselt oder geschauspielert wird. Die verschiedenen Kapitel sind durch den Farbbalken im Kopf der Seite gekennzeichnet, sodass Kapitel und einzelne Beiträge schnell gefunden werden können. Nach einer kurzen Einleitung zum Kapitelthema folgen die methodischen Hinweise und Unterrichtstipps zu den Materialien.

Lieder, Noten und Arbeitsblätter sind so angeordnet, dass sie leicht kopiert werden können. Für jeden Tag im Dezember bis zum Heiligen Abend steht eine musikalische Idee zum Ansehen, Nachmachen und Aufführen zur Verfügung. Aus den einzelnen Angeboten kann individuell ausgewählt werden, was am besten zur Lerngruppe (oder den eigenen Vorlieben) passt.

Geeignete Zeiträume

Vor dem 1. Dezember:

- Adventskalenderbaum S. 6
- Weihnachtsliederbuch S. 7

Für den Nikolaustag:

- Glockenarmband S. 11
- Holler boller Rumpelsack S. 39
- Nikolaus, Nikolaus S. 47

In den ersten Adventswochen:

- Mitspielsatz (Weihnachtsbäckerei) S. 19
- Sleigh Ride S. 27
- Last Christmas S. 31
- Weihnachtsliederrätsel S. 45

In den letzten Adventswochen:

- Engelschöre musizieren S. 10
- Der Trommlerjunge S. 14
- Ich wünsche mir S. 21
- Oh Weihnachtsmann S. 29
- Da ist ein Leuchten in der Nacht S. 42
- Ihr Kinderlein kommet S. 50

Für die Weihnachtsfeier:

- O Tannenbaum S. 8
- Triangel S. 9
- Kling, Glöckchen S. 12
- Handtrommel S. 13
- Wisst ihr, was die Frösche S. 17
- Feliz Navidad S. 20
- We wish you a Merry Christmas S. 23
- Wonderful Dream S. 35
- Weihnachten (Eichendorff) S. 40
- Paimen laulaa S. 41
- Weihnachtsbesuch in der Schule S. 54
- Weihnachten auf See S. 55

Medienpaket

Zu jedem Beitrag gibt es Hörbeispiele im Medienpaket. Sie finden die Audio-Dateien hier:
www.schott-music.com/online-material
(zugänglich über den Web-Code: rfkb2RGK)

Die Hörbeispielnummern sind unter dem Download-Symbol im farbigen Kasten auf den Einführungsseiten zu finden. Die Gesangsversionen der Lieder können als Original über QR-Codes im Heft bei YouTube aufgerufen werden. Die Playbacks dazu sind Bestandteil des Medienpakets, ebenso wie Gesangsversionen zu Liedern, die es nicht bei YouTube gibt.

Das Singen zum Playback ist nicht immer ganz einfach. Wichtig ist, dass die Lehrkraft den Kindern den genauen Einsatz gibt und die Musik laut genug ist, dass die Sänger:innen sie gut hören können. Sie darf allerdings nicht den Gesang übertönen.

Bei Musikstücken, die nur zum Tanzen oder zum Mitsingen gedacht sind, wurde auf ein Playback verzichtet. Wenn die Vollversion fehlt, ist das beabsichtigt. Entweder sind die Lieder so bekannt, dass auf eine Gesangseinspielung verzichtet werden kann oder die Hörbeispiele gehören zu einem Rätsel. Rätselaufgaben, die sich nicht sofort erschließen, erklärt ein Sprecher in einem Hörbeispiel.

Bei Spiel- und Mitspielstücken geben Klangmuster eine Hilfe zum Einüben des Arrangements und einen Eindruck, wie es klingen soll.

Frigga Schnelle

Basteln und Musizieren

Die Adventszeit ist ohne Basteln und Musizieren kaum vorstellbar. Alle Jahre wieder freuen sich die Grundschulkinder darauf, ihren Klassenraum festlich zu schmücken, einen Adventskalender zu füllen, Geschenke zu basteln, Weihnachtslieder zu singen und Programmpunkte für die Adventsfeier und Weihnachtsfeier einzuüben.

Audio:

1 ***Engelschöre musizieren***
2 ***Engelschöre musizieren* – Playback**
3 ***Kling, Glöckchen* – Playback**
4 ***Der Trommlerjunge***
5 ***Der Trommlerjunge* – Playback**

Wenn im Musikunterricht gebastelt wird, dann geht es weniger um das handwerkliche Tun. Vielmehr wird etwas hergestellt, was eng mit Musik zusammenhängt. Dazu gehören das Anfertigen kleiner Instrumente zum Begleiten von Liedern und auch das Basteln von Materialien zur Unterstützung von musikalischen Aktionen.

Ein Instrument basteln, das ohne lange Übezeit gespielt werden kann und gut klingt, gehört für die meisten Grundschüler:innen zu den Lieblingstätigkeiten im Musikunterricht.

Beim Nachbau eines Instruments ist es wichtig, dass der Klang des selbst gebauten Instruments qualitativ an den des Originals heranreicht. Außerdem darf das Material, aus dem das Instrument gebaut wird, nicht teurer sein als das Originalinstrument, und die Kinder müssen das Instrument ohne fremde Hilfe basteln können. Bei den hier vorgestellten musikalischen Basteleien ist weder bei den Kindern noch bei der Lehrkraft großes handwerkliches Geschick erforderlich. Sie lassen sich in kürzester Zeit herstellen, kosten wenig Geld und können auch nach Weihnachten noch im Musikunterricht eingesetzt werden.

Adventskalenderbaum

Einen Adventskalenderbaum können die Kinder schnell, einfach und ohne Kosten herstellen. Er besteht aus 24 grün angemalten Toilettenpapierrollen, die zu einer Tanne zusammengeklebt werden. Jedes Kind zieht eine (selbstklebende) Zahl von 1-24 und klebt oder schreibt sie unten in die Rolle. Während die Lehrkraft die Rollen aneinanderklebt (siehe Foto S. 6), bereiten die Schüler:innen ihren Wunschliedzettel vor. Beschränkt man die Wunschlieder auf Winter- und Weihnachtslieder, wiederholen sich die Liederwünsche in den Rollen sicher oft. Bei einer Erweiterung auf alle bereits gelernten Lieder ist die Wahrscheinlichkeit der Wiederholung geringer.

Steht der Lehrkraft Spotify zur Verfügung, können die Kinder auch ihren Lieblingshit aufschreiben, der dann gehört wird. Die Zettel werden in die entsprechende Rolle gelegt und ab dem 1. Dezember von Tag zu Tag vorgelesen und der Wunsch erfüllt. Besonders erfreut sind die Kinder, wenn sie darüber hinaus in der Rolle eine kleine süße Überraschung finden. 1

Das Weihnachtsliederbuch wird aus mehreren gefalteten DIN-A4-Blättern zusammengesetzt.

Ein Weihnachtsliederbuch basteln

In der Weihnachtszeit wird in der Grundschule besonders viel gesungen. Jedes Jahr wiederholen sich Lieder und neue kommen dazu. Es lohnt sich, wenn die Kinder diese Lieder von Anfang an in einer dekorativen selbstgebastelten Weihnachtsliedersammlung mit nach Hause nehmen.

Bastelanleitung

Der Buchdeckel für das DIN-A5-Büchlein lässt sich schnell und ohne Aufwand herstellen. Die Bastelanleitung zeigt, wie es geht.

Benötigt werden Kopierpappen, Kopierpapier und Heftstreifen.

- Vorlage des Deckblattes auf eine DIN-A4-Pappe kopieren. 2
- Die Pappe zum Buchdeckel in der Mitte knicken.
- Am geschlossenen Rand lochen.
- Weihnachtslieder auf DIN-A5-Blätter kleben und lochen.
- Die Lieder in den Buchdeckel legen und mit einem Heftstreifen zusammenhalten. 3

Mit jedem neuen Liederblatt wird, wie unter dem letzten Punkt beschrieben, verfahren. Ist man sich ganz sicher, dass das Liederbuch vollständig ist, kann der Heftstreifen durch einen Faden ersetzt werden.

Ob Buchdeckel und Lieder mit weihnachtlichen Motiven verziert werden, können die Schüler:innen oder die Lehrkraft frei entscheiden. Neue Liedertexte kann die Lehrkraft so verkleinern, dass sie in den Dekorahmen passen und dann kopieren.

Triangel

Der, die oder das Triangel (alle drei Artikel sind möglich, wobei „der" am gebräuchlichsten ist) gehört zur Grundausstattung des Orff-Schulwerks, ist aber selten als Klassensatz vorhanden. Sehr einfach, schnell und preisgünstig können sich Grundschüler:innen ab der dritten Klasse ihren Triangel selber herstellen. Der zarte Klang des Instruments passt besonders gut zur Begleitung von Weihnachtsliedern.

Laute Schläge werden auf dem unteren, waagerechten Schenkel ausgeführt, leise am rechten Schenkel oder im oberen Drittel. Ein Tremolo wird im inneren, oberen Winkel durch abwechselndes Anschlagen der beiden Seitenschenkel erreicht. Die Bastelanleitung befindet sich auf Arbeitsblatt 4.

Mit dem Triangel wird das traditionelle französische Weihnachtslied *Les Anges dans nos campagnes* (dt.: *Engelschöre musizieren*) begleitet. 1-2, 5 Ist das Lied bekannt, wird zuerst mit dem Singen und Begleiten des Refrains begonnen. Beim „Gloria" bewegen die Kinder ihren Schlägel in der Mitte des Triangels schnell hin und her, sodass ein diffuser Klang entsteht. Erst bei „in excelsis" schlagen sie vier Viertel auf einem der Schenkel an. Auch bei „Deo" spielen sie den Melodierhythmus zwei Schläge und bei der Wiederholung drei Schläge mit. Auf dem Arbeitsblatt 5 sind die Triangelschläge notiert.

Soll auch die Strophe mit Triangelschlägen begleitet werden, empfiehlt sich das Betonen der „1". Die Schläge sind bei den Wörtern und Silben „En-", „Him-", „auf" und „an".

Triangelbegleitungen passen auch zu klassischer Musik wie z. B. Leopold Mozarts *Musikalische Schittenfahrt* oder Edvard Griegs *Anitras Tanz* aus der ersten *Peer Gynt-Suite*.

Praxistipp: Wenn sich jedes Kind zwei Triangeln baut, kann ein Triangel mit nach Hause genommen werden und der zweite bleibt in der Schule.

Glockenarmband

Glockenarmbänder sind schnell und preiswert bereits von Erstklässler:innen mühelos herzustellen. Alle Materialien können in Bastelgeschäften oder bei Bastelversandgeschäften gekauft werden. Bei den Glöckchen empfiehlt es sich zu kontrollieren, ob beim Schütteln auch ein Ton zu hören ist.

Es gibt Pfeifenputzer, die bereits die richtige Länge von ca. 30 cm besitzen. Die ganz langen Pfeifenreiniger müssen einmal halbiert werden. Die Bastelanleitung befindet sich auf Arbeitsblatt 6.

Wie bei jedem Instrumentenbau probieren die Kinder ihre Instrumente direkt nach der Fertigstellung aus. Umschließt man das Glöckchen mit der Faust, sind auch die Glöckchen in Kinderhänden sehr leise.

Eine textunterstützende rhythmische Begleitung des Refrains bietet sich für das sehr bekannte Weihnachtslied *Kling, Glöckchen* an. 3

Bei den Strophen kann der Glockenklang ganz verstummen, damit die Konzentration mehr auf dem Singen des Textes liegt. Denkbar ist auch eine Rhythmusbetonung auf 1 und 3. Dazu wird das Armband in die Hand genommen und in die Handfläche der anderen Hand geschlagen.

Auf dem Liedtextblatt sind über den Noten die Glockenschläge notiert. 7

Praxistipp: Wenn sich die Schüler:innen zwei Glockenarmbänder basteln, können sie eines mit nach Hause nehmen und das andere in der Schule lassen. Bitte nicht das Namensschild vergessen.

Handtrommel mit Schlägel

Das beliebte und in vielen Versionen eingespielte Weihnachtslied *Little Drummer Boy* fordert eine Begleitung mit Trommeln heraus. Unsere Version hier heißt *Der kleine Trommler*. Die immer wiederkehrende Textzeile „pa ram pam pam pam" imitiert lautmalerisch den Klang der Trommel, die gleich danach gespielt wird. In Partnerarbeit können sich Schulkinder ab der dritten Klasse schnell und ohne großen Kostenaufwand einfache Handtrommeln selber basteln (8) und das Lied zum eigenen Gesang begleiten.

Der Trommelrhythmus wird zuerst „trocken", d. h. ohne Musik, geübt und danach mit Hilfe des Playbacks mit der Melodiestimme. 4-5

Der Rhythmus entspricht dem Melodierhythmus von „ram pam pam pam":

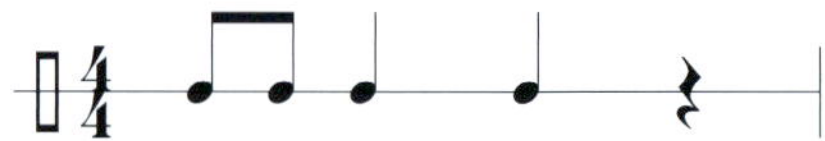

Er erklingt immer in den Gesangspausen. Je nach Lust können die Kinder auch die Einleitungssilbe „pa" (– ram pam pam pam) mitspielen. 9

1 Bastelanleitung für den Adventskalenderbaum

Sammelt 24 Klopapierrollen und malt sie innen und außen grün an. Klebt oder schreibt eure gezogene Zahl unten in die Klopapierrolle. Dann klebt die Rollen so zusammen, dass ein Tannenbaum entsteht.

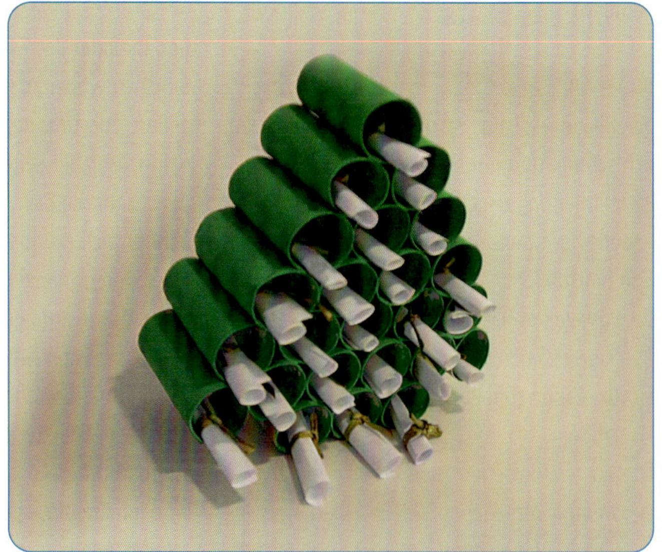

Jetzt können Zettel mit den Liedwünschen und auch kleine Süßigkeiten in die einzelnen Öffnungen gelegt werden.

2 Weihnachtsliederbuch (Deckblatt)

Weihnachtsliederbuch

von

3 O Tannenbaum – Liedblatt

O Tannenbaum

1. O Tannenbaum, o Tannenbaum,
wie grün sind deine Blätter!
Du grünst nicht nur zur Sommerzeit,
nein auch im Winter, wenn es schneit.
O Tannenbaum, o Tannenbaum,
wie grün sind deine Blätter!

2. O Tannenbaum, o Tannenbaum,
du kannst mir sehr gefallen!
Wie oft hat nicht zur Winterszeit
ein Baum von dir mich hoch erfreut!
O Tannenbaum, o Tannenbaum,
du kannst mir sehr gefallen!

3. O Tannenbaum, o Tannenbaum,
dein Kleid will mich was lehren:
Die Hoffnung und Beständigkeit
gibt Mut und Kraft zu jeder Zeit!
O Tannenbaum, o Tannenbaum,
dein Kleid will mich was lehren.

Text: 1. Strophe J. August Zarnack, 2. und 3. Strophe Ernst Anschütz

© Silke Reimers

4 Einen Triangel basteln

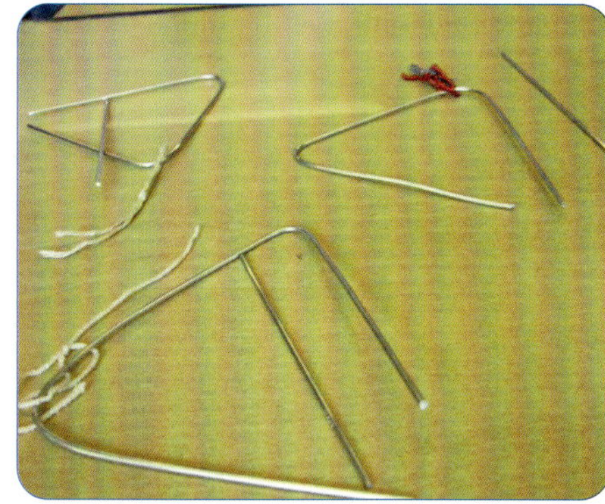

In der Triangel-Werkstatt

Benötigte Materialien

- Aluminiumschweißdraht Al Mg 5 (Durchmesser 2 mm, Länge 1 m)
- eine einfache Zange
- Wollfaden oder dünnes Lederband

Es ist kein besonderes handwerkliches Geschick erforderlich. Wichtig ist, dass der Aluminiumdraht nicht dicker als zwei Millimeter ist, weil er sich sonst nicht mehr mit der Hand biegen lässt. Auch von dünneren Stäben wird abgeraten. Ein noch dünnerer Stab klingt höher und hat ein so leichtes Gewicht, dass er sich beim Spielen oft unkontrolliert hin- und herbewegt.

Aluminiumstäbe werden in Eisenwarengeschäften nach Gewicht verkauft oder können über das Internet bestellt werden. Die Stäbe sind meistens 1 m lang und müssen für einen Triangel auf die Hälfte gekürzt werden.

Etwa 60 Stäbe entsprechen 0,5 kg und kosten knapp zehn Euro, dazu kommen ca. fünf Euro Versandkosten. Aus 60 Stäben können 120 Triangel gebaut werden.

Unter dem Suchbegriff „Al Mg 5" findet man über Google mehrere Internet-Anbieter, die den Alu-Draht versenden.

Anleitung

- Jeweils zwei Kinder erhalten einen 1 m langen Aluminiumschweißdrahtstab und zwacken ihn in der Mitte mit einer Zange durch.
- Von ihrem nun 50 cm langen Drahtstab kneift sich jeder ein 12 bis 15 cm langes Stück als Schlägel ab.
- Der restliche Stab wird mit dem Lineal oder mit den Fingern in drei etwa gleich große Teile abgemessen und zu einem Dreieck geformt, das auf der einen Seite einen kleinen offenen Spalt hat.
- Festgehalten wird der Triangel an einem Wollfaden oder dünnen Lederband, das an den Triangel geknotet wird (siehe Foto). Der Faden darf nicht so lang sein, weil der Triangel sonst unkontrolliert hin- und herschwenkt. Eine Haltung mit der Hand ist auch möglich (siehe Foto).

Anschlag mit aufgehängtem Triangel

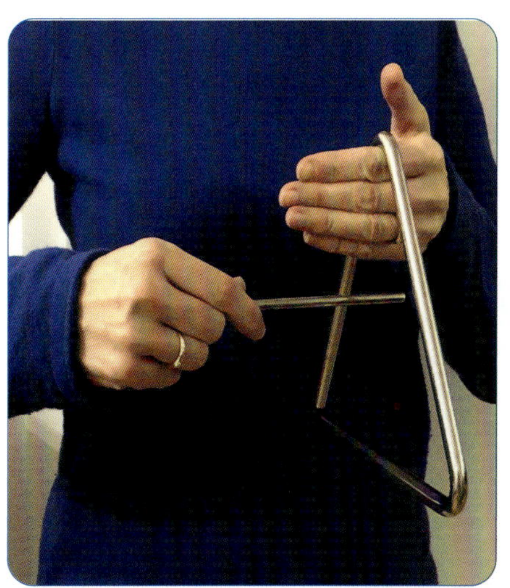

Triangel mit der Hand gehalten – klingend

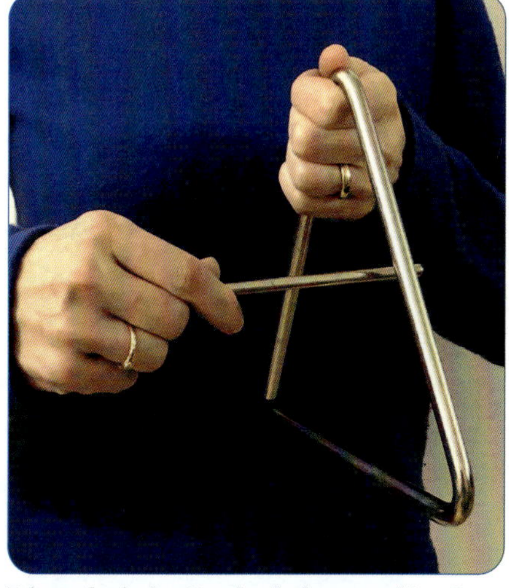

Triangel mit der Hand gehalten – gedämpft

5 Engelschöre musizieren

- Singt und begleitet das Lied *Engelschöre musizieren*.

Immer im Refrain, wenn „Gloria in excelsis Deo“ gesungen wird, spielt ihr auf eurem Triangel mit.

M: überliefert aus Frankreich
T: Heike Schrader

Strophe

D A D A D

En - gels - chö - re mu - si - zie - ren, Ster - ne stehn am Him - mels - zelt.
Al - le Men - schen ju - bi - lie - ren, Frie - den für die gan - ze Welt.

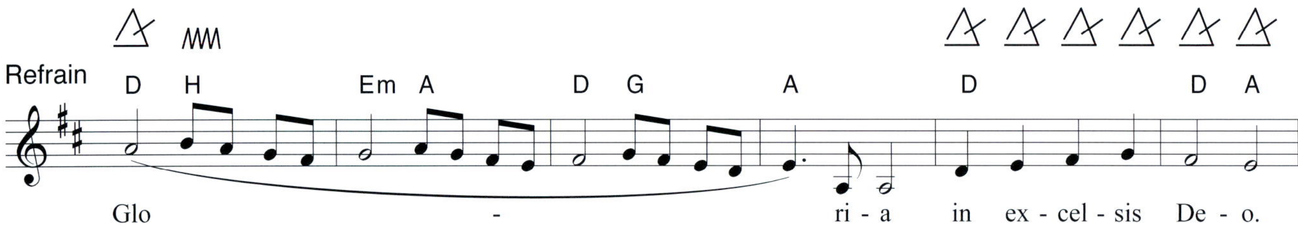

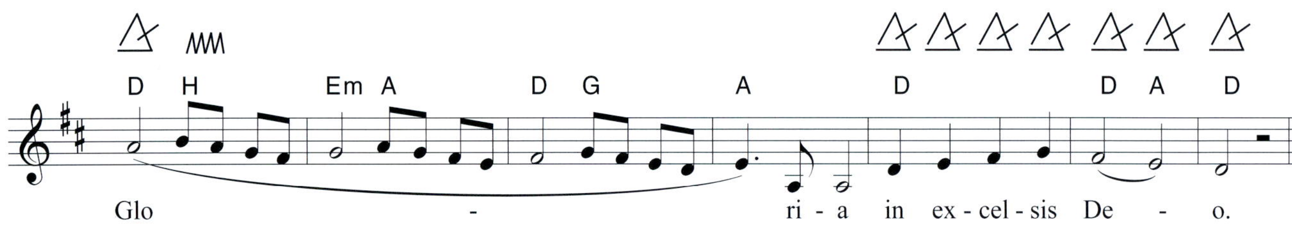

2. Hirten, was habt ihr gesehen,
in der Nacht kam euch zu Ohr'n?
Ihr müsst schnell zur Krippe gehen,
denn der Heiland ist gebor'n.

Glo - - ria in ex - cel - sis De - o.

3. Freude, Freude, lasst uns singen,
denn der Himmel ist so nah.
Jesus Christ wird Freude bringen,
endlich ist der Retter da.

Glo - - ria in ex - cel - sis De - o.

© Silke Reimers

= Triangel von außen einmal anschlagen.

= Triangel von innen mit dem Schlägel hin und her anschlagen.

6 Bastelanleitung Glockenarmband

Material: 2–3 bunte Pfeifenputzer (ca. 30 cm) / 1 Glöckchen / Namensschild

Einen Pfeifenputzer durch die Öse des Glöckchens stecken, dann alle Pfeifenputzer übereinanderlegen und das Glöckchen in der Mitte platzieren.

Auf beiden Seiten die Pfeifenputzer drehen (aus dem Handgelenk heraus, sodass sich die Drähte umeinander wickeln); ...

... dabei das Glöckchen immer in der Mitte behalten.

Die Enden der Pfeifenputzer miteinander verbinden.

Fertig sind die Glockenbändchen.
Tipp: Damit die Glockenbändchen (auch mit gleichen Farben) auseinandergehalten werden können, lohnt es sich, Papier-Namensschilder an die Bändchen zu heften.

Je nach Musik tragen die Kinder die Bändchen um das Handgelenk, können das Klingeln aber nicht steuern. Es ist viel weniger intensiv.
Halten sie die Bändchen fest, können sie akzentuiert klingeln.

7 Kling, Glöckchen

T: Karl Enslin (ca. 1850)
M: Benedikt Widmann (1884)

2. Kling, Glöckchen, klingelingeling,
kling, Glöckchen, kling!
Mädchen hört und Bübchen,
macht mir auf das Stübchen,
bring euch viele Gaben,
sollt euch dran erlaben.
Kling, Glöckchen, klingelingeling,
kling, Glöckchen, kling!

3. Kling, Glöckchen, klingelingeling,
kling, Glöckchen, kling!
Hell erglüh'n die Kerzen,
öffnet mir die Herzen!
Will drin wohnen fröhlich,
frommes Kind, wie selig.
Kling, Glöckchen, klingelingeling,
kling, Glöckchen, kling!

Begleitung

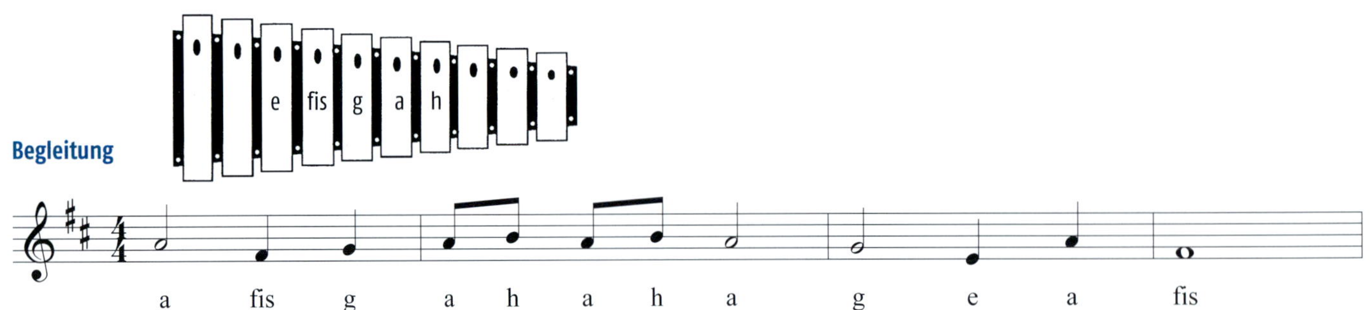

8 Bastelanleitung Handtrommel mit Schlägel

Material

- fester Karton (mindestens 300g/m^2) und mindestens 70 cm lang
- Paketklebeband aus Plastik
- ein farbiges Blatt Papier
- Schere
- ein chinesisches Essstäbchen
- Wein- oder Sektkorken

Der Schlägel

Für den Schlägel nimmst du ein chinesisches Essstäbchen. Damit bohrst du zuerst ein Loch in den Korken (1) und klebst es dann im Loch fest (2).

1. 

2. 

Die Trommel

1. 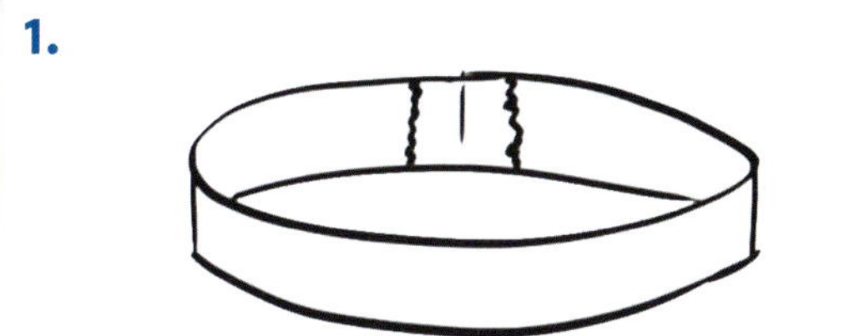

- Wähle festen Karton (ab 300g/m^2).
- Schneide einen Streifen aus: 4,5 cm breit und 70 cm lang.
- Schließe den Streifen zu einem Ring zusammen und klebe ein Stück Paketband über die Enden des Streifens, damit der Ring nicht wieder auseinander fällt.

2. 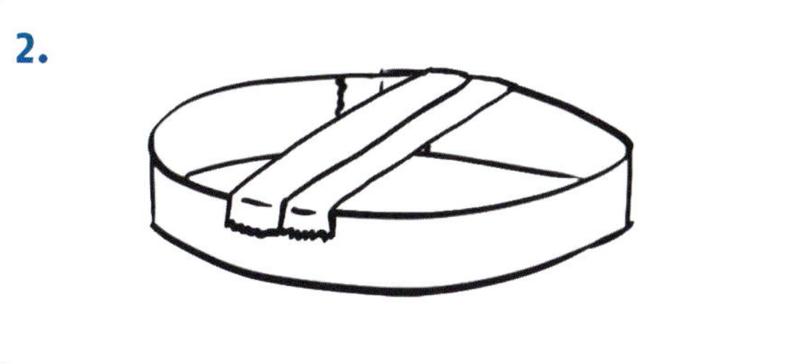

- Aus Klebebandstreifen wird nun das Fell hergestellt. Spanne zuerst einen Streifen über die Mitte. Klebe die Enden außen am Ring fest. Den nächsten Streifen klebst du parallel dazu, sodass etwa die Hälfte auf den ersten Streifen überlappt. Die Streifen werden dabei immer kürzer
- Weiterkleben, bis die Hälfte des Rings bedeckt ist.
- Mit der anderen Hälfte verfährst du genauso. Jetzt ist die erste „Fell"-Schicht fertig.

3. 

- Mit der zweiten „Fell"-Schicht beginnst du wieder in der Mitte, aber so, dass der neue Streifen über Kreuz zu den vorhandenen liegt. Klebe wieder Streifen an Streifen, bis beide Hälften bedeckt sind.
- Wenn nötig, kannst du noch eine dritte Schicht kleben.

4. 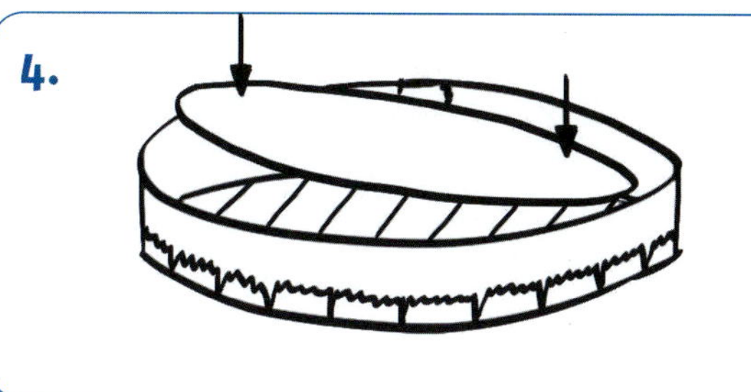

- Lege die Trommel auf das Blatt Papier und zeichne den Umriss nach.
- Schneide den Kreis aus und drücke ihn von unten an die Klebefläche der Paketband-Streifen.

9 Der Trommlerjunge

M: überliefert
T: Frigga Schnelle

C F C
1. Kommt von nah und fern, pa ram pam pam pam,
C F C
seht auf den hel - len Stern, pa ram pam pam pam,
G C G
sein Schein zum Trom - mel - ton, pa ram pam pam pam,
G C F C
führt euch zu Got - tes Sohn, pa ram pam pam pam, ram pam pam pam,
C G C
ram pam pam pam. Hört den Trom - mel - klang, pa
F C G C
ram pam pam pam, Lob - ge - sang.

2. Hirten auf dem Feld, pa ram pam pam pam,
seht hoch zum Himmelszelt, pa ram pam pam pam,
die große Engelschar, pa ram pam pam pam,
singt Lieder laut und klar, pa ram pam pam pam,
ram pam pam pam, ram pam pam pam,
folgt dem Trommelklang, pa ram pam pam pam,
Lobgesang.

3. Zwischen Ochs und Rind, pa ram pam pam pam,
da liegt das Christuskind pa ram pam pam pam,
Maria wiegt es sacht, pa ram pam pam pam,
in dieser hellen Nacht, pa ram pam pam pam,
ram pam pam pam, ram pam pam pam,
singt zum Trommelklang, ram pam pam pam,
Lobgesang.

Musizier- und Mitspielsätze

Im Musikunterricht in der Grundschule ist das Spielen auf Instrumenten unverzichtbar. Nicht nur, weil die Kinder beim aktiven Musizieren viel über Musik lernen und sie besser verstehen, sondern auch, weil das gemeinsame Musizieren fast allen Kindern viel Spaß macht und eine wertvolle soziale Erfahrung bedeutet. Eine Musikstunde, in der eine Lerngruppe auf Instrumenten spielt, vergeht meistens wie im Fluge. Wenn dann am Ende der Übungsphase ein vorführbares Ergebnis herauskommt, stärkt das bei allen Mitwirkenden sowohl das Selbstwert- als auch das Gruppengefühl.

In der Adventszeit sind kleine Aufführungen vor anderen Klassen immer herzlich willkommen. Und auch Advents- und Weihnachtsfeiern profitieren davon, wenn Instrumentalgruppen etwas darbieten oder den weihnachtlichen Gesang begleiten. Hier werden Mitspielsätze vorgestellt, die in kurzer Zeit eingeübt und individuell variiert werden können. Wenn der Unterricht im Klassenraum stattfinden muss, werden laute Rhythmusinstrumente weggelassen oder durch leise ersetzt. Wenn Instrumente fehlen, können Selbstbauinstrumente oder Alltagsgegenstände Ersatz schaffen. Durch Reduzierung und Vereinfachung oder durch Erweiterung kann jeder Spielsatz an das Leistungsniveau der Musikgruppe angepasst werden.

Frösche am Weihnachtsabend

Das witzige Weihnachtslied *Wisst ihr, was die Frösche am Weihnachtsabend machen* über tierische Gewohnheiten am Weihnachtsabend gehört zu den Lieblingsliedern der Erst- und Zweitklässler. 1 Der Text ist leicht zu merken, die Melodie eingängig und das Imitieren der jeweiligen Tiergeräusche lustig. Damit man sich den Liedtext besser merken kann, werden Bildkarten zur Verfügung gestellt. 2

Die unter dem Lied notierte Melodiestimme des Refrains ist so schlicht, dass sie bereits von absoluten Anfänger:innen auf Stabspielen mitgespielt werden kann. 6 1

Audio:

6 ***Wisst ihr, was die Frösche* – Playback**
7 ***In der Weihnachtsbäckerei* – Playback**
8 ***Feliz Navidad* – Playback**
9 ***Ich wünsche mir zum Heiligen Christ* – Playback**
10 ***We wish you a Merry Christmas* – Playback**
11 ***We wish you a Merry Christmas* – Spielsatz Klangdemonstration**
12 ***Sleigh Ride* (Leroy Anderson)**

Weihnachtsbäckerei

Das Lied *In der Weihnachtsbäckerei* von Rolf Zuckowski gehört schon seit Jahren zu den Weihnachtshits. Es wird praktisch überall gesungen und fehlt in keinem Grundschulliederbuch. Aus diesem Grund wird hier nur ein Mitspielsatz abgedruckt, der einfach und wirkungsvoll zum Playback mit Melodie mitgespielt werden kann 7 3 oder „stand alone" instrumental zum Gesang der Kinder passt.

Die Rhythmusinstrumente spielen während des ganzen Stücks unverändert ihr Pattern, wobei die Sprechsilben zu den Trommeln helfen, die Anschlagtechnik einzustudieren. Die Silben „bu" und „bum" stehen für den Bassschlag in der Mitte des Fells, bei den anderen Silben wird am Rand des Fells angeschlagen.

Die Melodieinstrumente spielen nur den Refrain mit und beginnen auf der „1" bei „Weih ...". Während der Strophen pausieren sie, und es spielen nur die Rhythmusinstrumente.

Feliz Navidad

Der Weihnachts-Popsong *Feliz Navidad* von José Feliciano gehört zu den Welthits der Musikgeschichte. Das Textgemisch aus einfachen spanischen und englischen Wörtern können selbst Erstklässler nach mehrmaligem Hören mitsingen. Erweitert werden kann der einfache Text durch eine singbare deutsche Strophe. Die Begleitung besteht aus einem viertaktigen Pattern, das sich immer wiederholt, also unverändert zum ganzen Stück gespielt werden kann. Alle Stimmen spielen denselben punktierten Rhythmus, der zuvor mit den Kindern geübt werden sollte. Die Silben „Na-vi-dad" können dabei als Hilfe dienen. 8 4

Achtung: Die Begleitung beginnt instrumental. Der Gesang setzt erst auf Zählzeit „2+" im ersten Takt, also beim zweiten Ton der Xylofone, ein.

Ich wünsche mir zum Heiligen Christ

Das lustige Weihnachtsgedicht *Ich wünsche mir zum Heiligen Christ* von Erica Wildgrube-Ulrici mit der Melodie von Rolf Zuckowski gehört schon seit Jahren zu den Weihnachtsklassikern in der Grundschule. Wenn man die Original-Tonart D-Dur nach C-Dur transponiert, kann das Lied mit Flöten (ersatzweise Glockenspiele oder Klavier) und Stabspielen einfach begleitet werden. Besonders die erste Stabspielstimme ist so schnell zu lernen, dass sie sogar von einer ganzen Klasse auf Glockenspielen, Metallofonen und Xylofonen mitgespielt werden kann. Je nach Klassenstufe und Fähigkeiten bieten sich Erweiterungsmöglichkeiten bis hin zum fünfstimmigen Spielsatz an.

Die Klavierstimme übernimmt die Lehrkraft oder ein Kind, das schon gut Klavier spielen kann.

Der Text bietet humorvolle Anregungen, über Wünsche – nicht nur zur Weihnachtszeit – nachzudenken und vielleicht sogar weitere Strophen zu dichten. Kinder einer Klasse von mir schrieben z. B. „Ich wünsche mir zum heiligen Christ eine Katze, die keine Vögel frisst, einen Lehrer, der keine Aufgaben gibt und 'ne Freundin, die mein Fahrrad schiebt."

 9  

We wish you a Merry Christmas

Das traditionelle englische Weihnachtslied *We wish you a Merry Christmas* gehört zu den bekanntesten englischsprachigen Weihnachtsklassikern. Auch heute darf das Lied auf keinem Weihnachtsmarkt und keiner Weihnachtsparty fehlen und es hat einen Stammplatz in fast allen englischsprachigen Weihnachtsfilmen. Deshalb kann man davon ausgehen, dass die meisten Grundschulkinder das Lied schon einmal gehört haben. Die englische Refrainzeile ist einfach und einprägsam, zumal sie dreimal wiederholt wird und bereits von Erstklässlern mitgesungen werden kann.

Der Ursprung des Liedes liegt im 16. Jahrhundert. Am Heiligabend zogen Erwachsene und Kinder von Haus zu Haus und sangen Weihnachtslieder. Man nannte das „Carol Singing". Als Dank bekamen sie kleine Weihnachtsleckereien. Beliebt war der „figgy pudding", ein Feigenpudding, der im Lied ausdrücklich erbeten wird. 10-11 7 bis 9

Sleigh Ride

Sleigh Ride (dt.: Schlittenfahrt) ist ein Stück des amerikanischen Komponisten und Dirigenten Leroy Anderson (1908–1975). Dieser war bekannt für seine kurzen und heiteren Musikstücke, in denen oft Alltagsgegenstände als Musikinstrumente eingesetzt wurden, wie z. B. in *Typewriter*, in dem eine Schreibmaschine als Perkussionsinstrument dient. In *Sleigh Ride* sind das Schlittenglocken und eine Reitpeitsche, die eine Fahrt mit der Pferdekutsche symbolisieren.

Der Mitspielsatz fügt schultypische Klein-Percussion hinzu. Verwendet werden Claves, Triangel, Schellenring, Schellenband und Holzblock.

 12 

1 Wisst ihr, was die Frösche am Weihnachtsabend machen

T+M: Volker Rosin

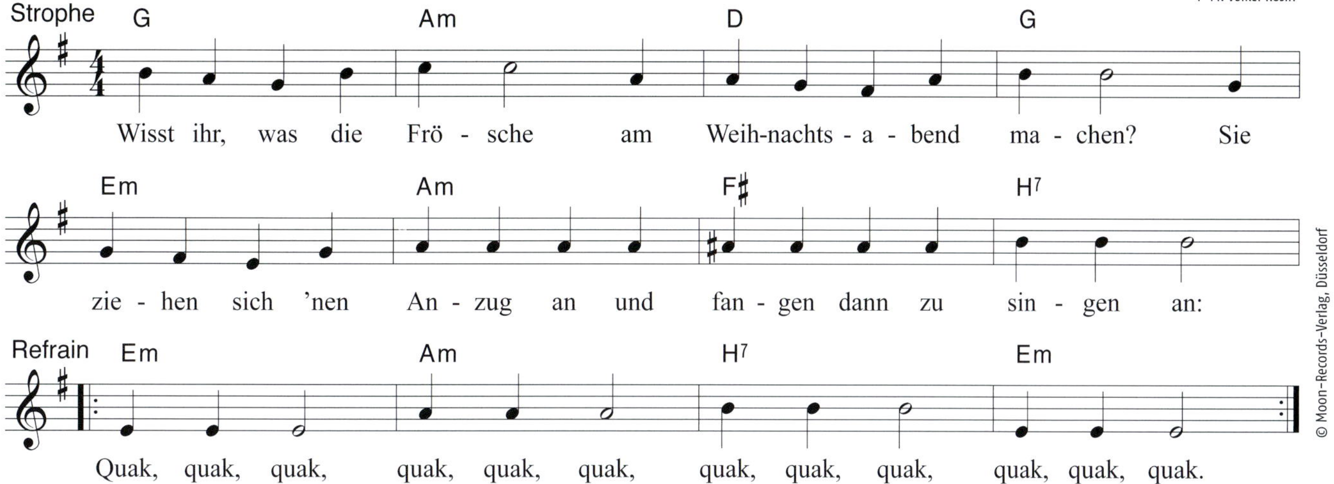

© Moon-Records-Verlag, Düsseldorf

2. Wisst ihr, was die Katzen
am Weihnachtsabend machen?
Sie sehen weiße Flocken
und woll'n am Ofen hocken.
Miau, miau, miau …

3. Und die Elefanten,
die feiern bei den Tanten,
sie essen aus der Schüssel,
trompeten mit dem Rüssel.
Täterätätä …

4. Wisst ihr was die Fische
am Weihnachtsabend machen?
Sie schwimmen auf und nieder
und blubbern Weihnachtslieder.
Blubb, blubb, blubb …

5. Wisst ihr, was die Ferkel
am Weihnachtsabend machen?
Sie wälzen sich im Mist,
ob das wohl lustig ist?
Cchr, cchr, cchr …

© KSilke Reimers

Übung zum Refrain

E E E A A A H H H E E E

Tonlänge:

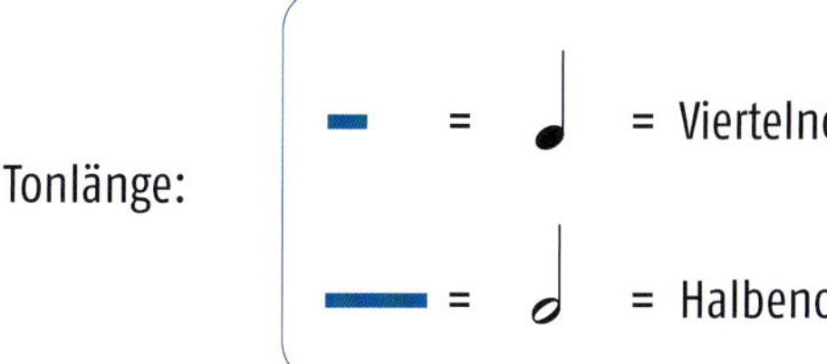

Tonname:

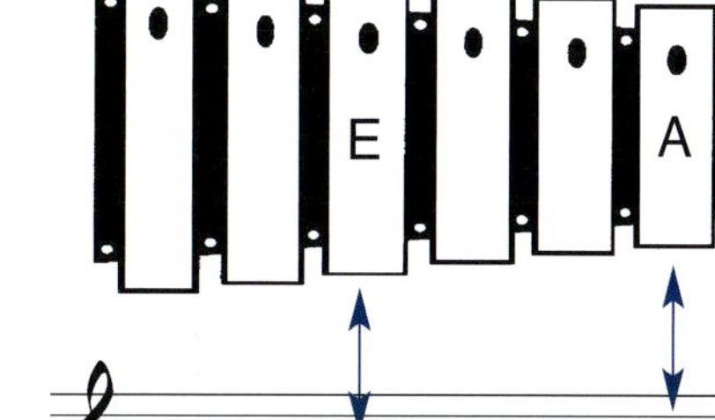

2 Bildkarten zu „Wisst ihr, was die Frösche“

- Male für eine sechste Strophe ein weiteres Tier in diese Bildkarte.

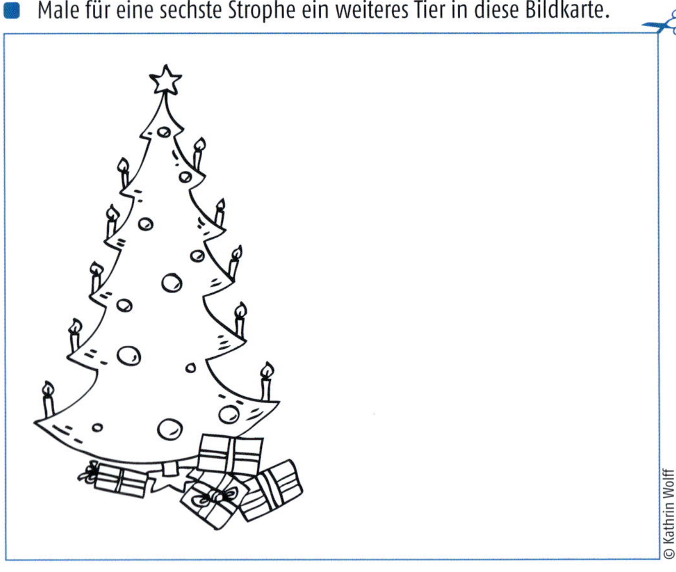

© Kathrin Wolff

3 Mitspielsatz

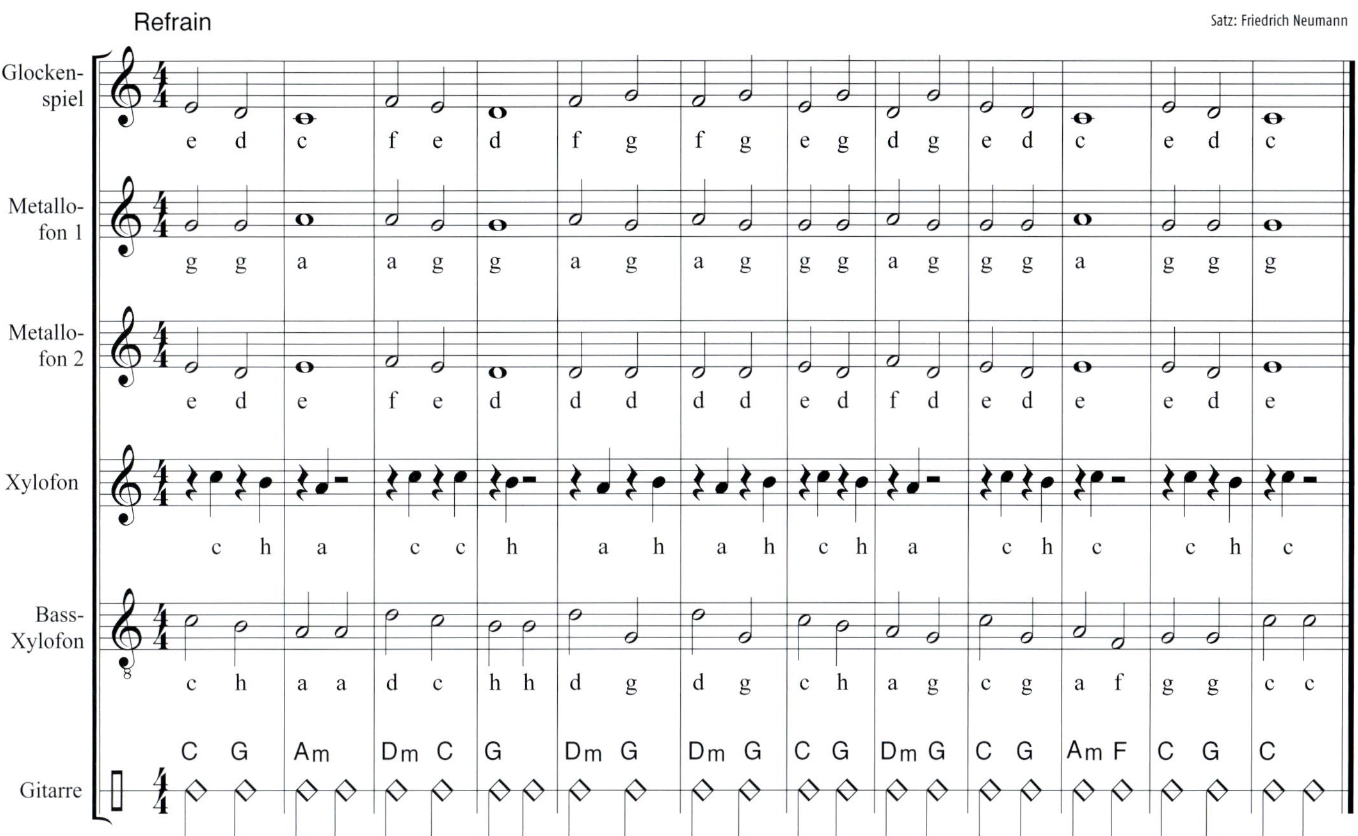

Rhythmuspattern

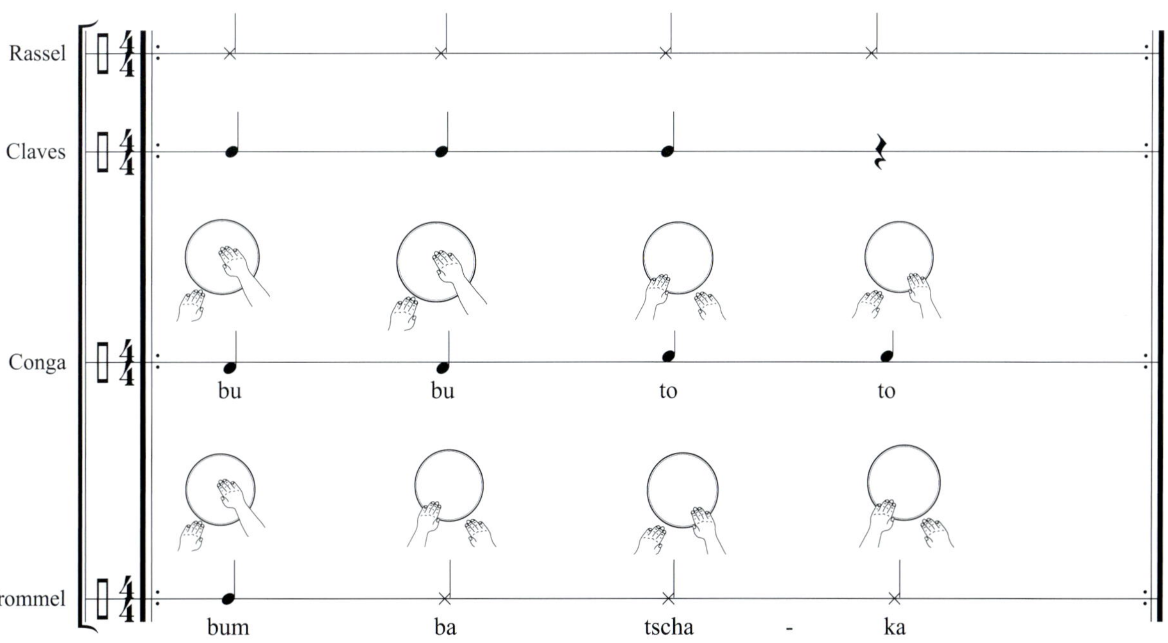

Ablauf
Refrain – Strophe 1 (nur Rhythmus) – Refrain – Strophe 2 (nur Rhythmus) – Refrain – Strophe 3 (nur Rhythmus) – Refrain

4 Feliz Navidad

M+T: José Feliciano

© BMG Rights Management GmbH, Berlin

Spielsatz

Dieser Text kann auch zu der Melodie gesungen werden.

Die Weihnacht ist da,
die Weihnacht ist da,
die Weihnacht ist da,
der Engelchor singt Halleluja.

Die Freude lädt ein zum Jubilieren
Halleluja, lasst uns musizieren.
Das Fest der Liebe macht uns bereit
für die schöne Weihnachtszeit.

5 Ich wünsche mir zum Heiligen Christ

M: Rolf Zuckowski
T: Erica Wildgrube-Ulrici

Intro/Zwischenspiel

F C Dm A Dm G C

Strophe

C Dm G

1. Ich wün - sche mir zum Hei - li - gen Christ ei - nen Kopf, der kei - ne Vo - ka - beln ver - gisst, ei - nen
2. Ich wün - sche mir zum Hei - li - gen Christ ei - ne O - ma, die nie ih - re Bril - le ver - misst, ei - nen
3. Ich wün - sche mir zum Hei - li - gen Christ ei - ne Schu - le, die im - mer ge - schlos - sen ist, ei - ne

C | 1, 2 F G C

Fuß - ball, der kei - ne Schei - ben zer-schmeißt und 'ne Ho - se, die nicht zer - reißt.
Nach - barn, den un - ser Spie - len nicht stört und 'nen We - cker, den nie - mand hört.
Mut - ter, die kei - ne Fra - gen stellt und 'nen

Schlussteil

3 F G C F

Freund, der die Klap - pe hält. Doch weil ich das al - les nicht

C Am G C

ha - ben kann, ü - ber - lass ich die Sa - che dem Weih - nachts - mann.

© MUSIK FÜR DICH Rolf Zuckowski OHG (Sikorski Musikverlage), Hamburg

6 Spielsatz Intro + Zwischenspiel

Klavierbegleitung

Intro/Zwischenspiel

F C Dm A7 Dm G C

Strophe

C Dm G C 1, 2 F G C

3 F G C

Schlussteil

F C Am G C

7 We wish you a Merry Christmas

M+T: überliefert aus England

2. Now bring us some figgy pudding,
now bring us some figgy pudding,
now bring us some figgy pudding,
and a cup of good cheer!
Good tiding we bring
for you and your kin;
we wish you a merry Christmas
and a Happy New Year!

3. We all like our figgy pudding,
we all like our figgy pudding,
we all like our figgy pudding,
so bring it out here!
Good tiding we bring
for you and your kin;
we wish you a merry Christmas
and a Happy New Year!

4. We won't go until we get some,
we won't go until we get some,
we won't go until we get some,
so bring some out here!
Good tiding we bring
for you and your kin;
we wish you a merry Christmas
and a Happy New Year!

Vokabelhilfen

Merry christmas	frohe Weihnacht
happy	glücklich
tidings	Botschaft
kin	Angehörige
some	etwas
figgy pudding	Feigenpudding
out here	heraus
for we all like	denn wir alle mögen
won't go	nicht gehen
until	bis
we've got some	bis wir etwas haben

8 We wish you a Merry Christmas – Spielsatz

Satz: Friedrich Neumann

9 Mitspielsatz – Einzelstimmen

- Spielblätter für die Instrumentalisten – kopieren, ausschneiden, verteilen

Gitarrengriffe

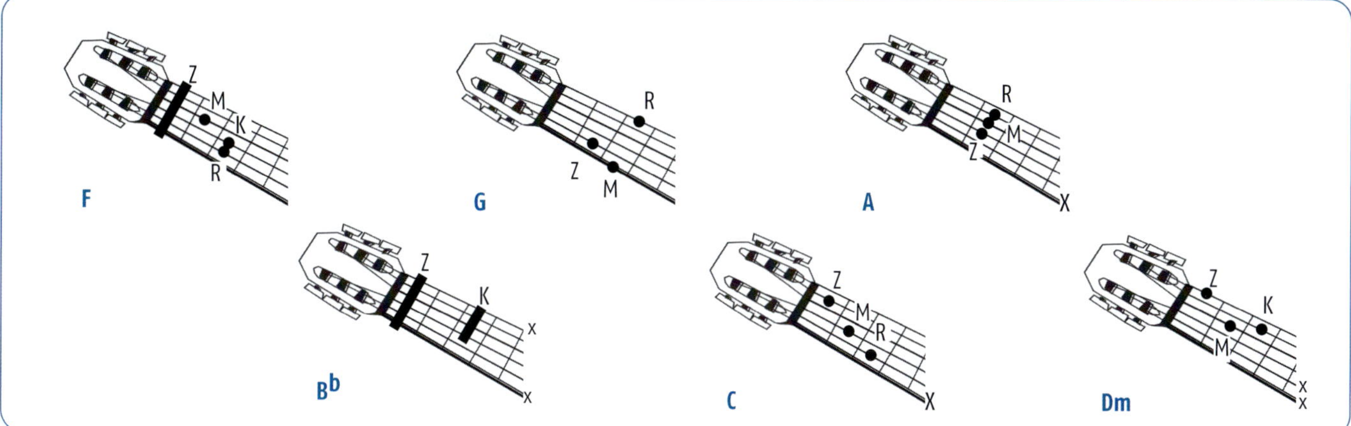

Xylofon 1

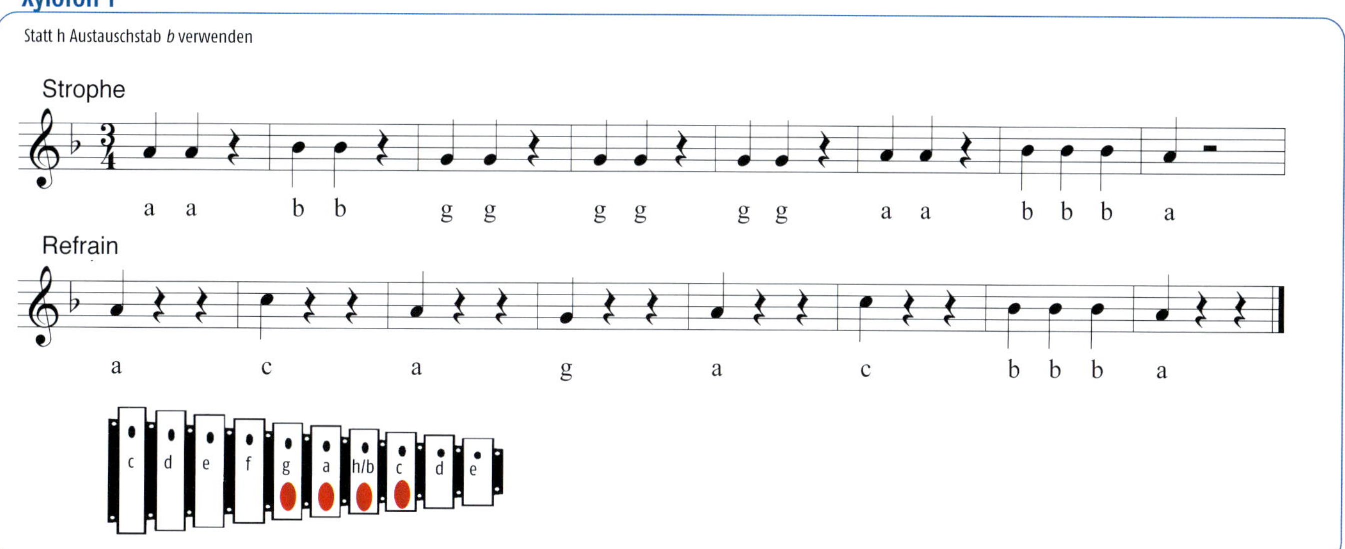

Xylofon 2

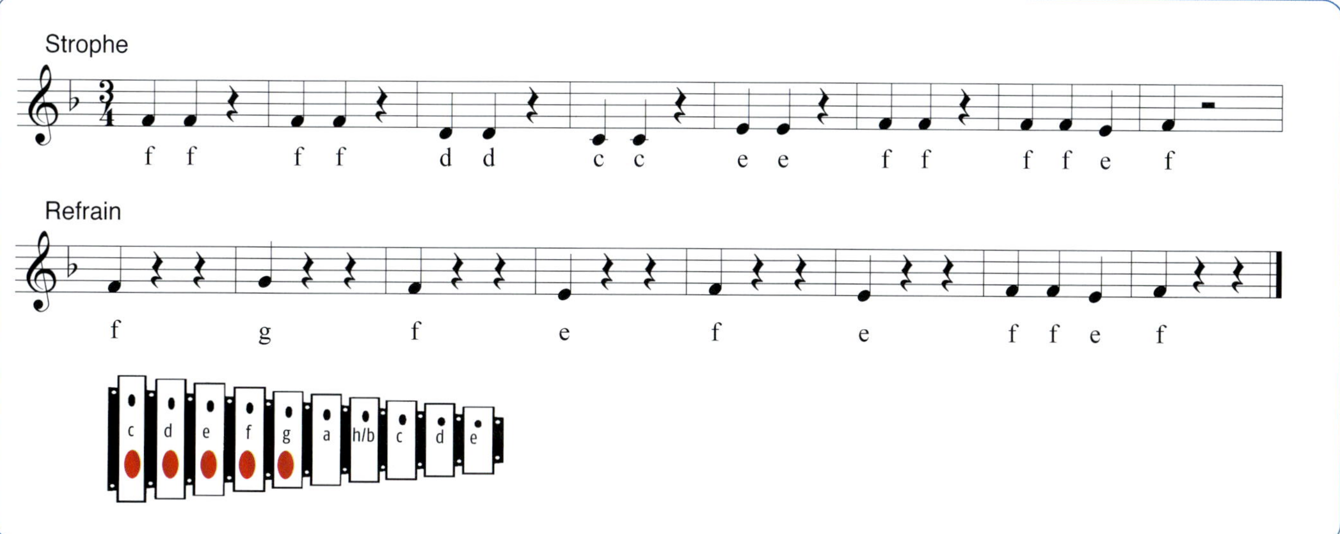

9 Mitspielsatz – Einzelstimmen (Forts.)

Metallofon 1

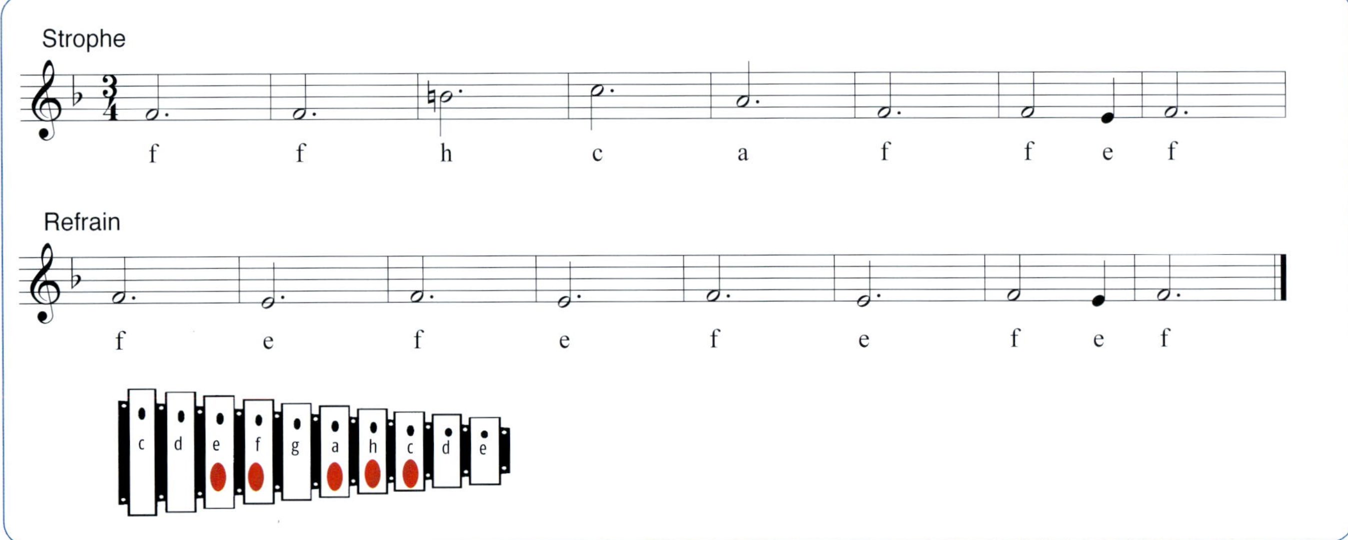

Metallofon 2

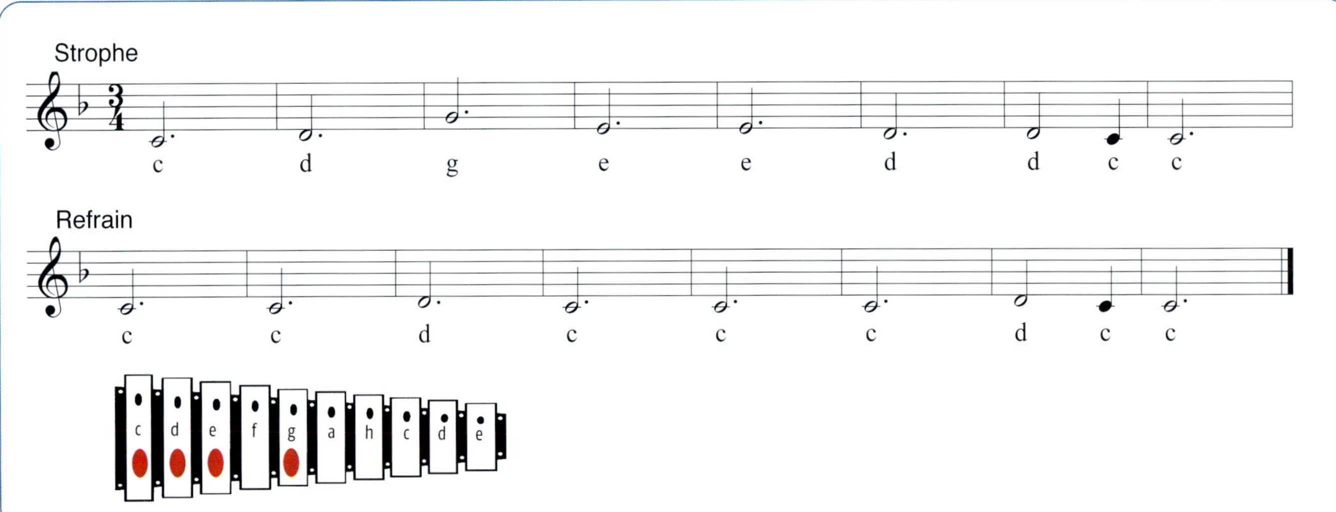

Bass-Xylofon

Austauschstab *b* verwenden

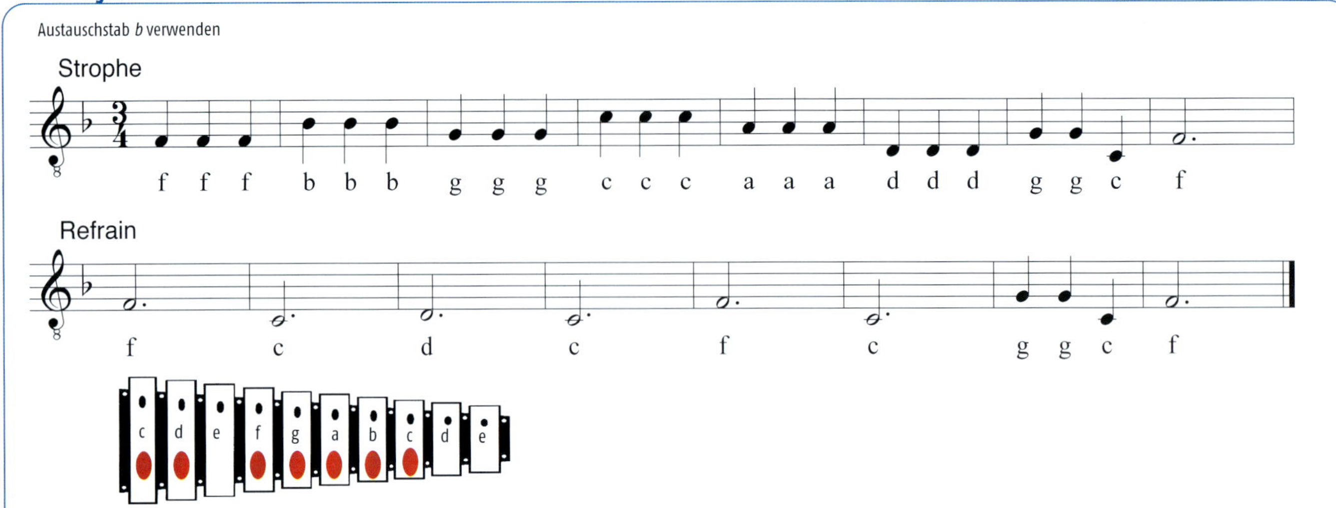

10 Mitspielsatz – Sleigh Ride

Teil	Instrumente	Rhythmen			
Intro					
A					
B					
A					
Pause					
C^1					
C^2					
C^1					
C^2					
Pause					
A					
B					
A					
Schluss					

Tänze und Bewegungslieder

Musik und Bewegung gehören ganz eng zusammen. In der Grundschule sind es die Fächer Musik und Sport, in denen die Kinder sich viel bewegen dürfen. Lieder werden oft unter Zuhilfenahme von Gebärden schneller gelernt und Tänze mit einfachen Tanzchoreografien auftrittsreif eingeübt. Gerade in der Vorweihnachtszeit lassen sich immer wieder Anlässe finden, um eine Präsentation vor Publikum zu ermöglichen.

Audio:

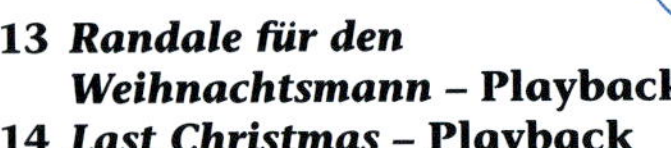

13 *Randale für den Weihnachtsmann* – Playback
14 *Last Christmas* – Playback

Insbesondere für Kinder mit wenig Tanzerfahrung ermöglichen die ruhigen und langsamen Bewegungen z. B. eines Lichtertanzes einen leichten Zugang. Bei abgedunkeltem Licht in gemütlicher Atmosphäre erzielt das Tanzen mit den Lichtern besondere Wirkung.

Oft ist die Musikauswahl ausschlaggebend für die Motivation beim Tanzen. Selbst „Tanzmuffel" beginnnen sich zu bewegen, wenn sie einen rhythmusbetonten Popsong hören, der ihnen gefällt. Und dass Bewegung im kalten Winter warm macht und darüber hinaus gesund ist, wissen bereits die kleinsten Grundschüler:innen.

Randale für den Weihnachtsmann

Das Endloslied *Oh Weihnachtsmann* der Bielefelder Band Randale eignet sich mit seinem kurzen Text und den passenden Gebärden besonders für die erste und zweite Klasse. Text und Bewegungen sind schnell zu erlernen, deshalb hatten die Musiker die Idee, das Lied bei jeder Wiederholung schneller und höher zu spielen. Dazu können die Bewegungen und Gebärden geübt werden. Das Original kann bei YouTube aufgerufen werden. Im Medienpaket zu diesem Heft befindet sich ein Playback, zu dem auch gesungen werden kann (siehe Noten rechts). Ein fröhlicher Warmmacher für kalte

Wintertage und gleichzeitig eine schnell einstudierte Performance. 13 1 2

Last Christmas

Last Christmas von der englischen Band Wham! gehört seit vierzig Jahren zu den populärsten Weihnachtshits der Welt. Es vergeht in der Adventszeit kein Tag, an dem der Song nicht im Radio zu hören ist. Ob Alt oder Jung – keiner kommt an *Last Christmas* vorbei.

Der Aufbau des Liedes ist schnell zu durchschauen. Er besteht im Wesentlichen aus drei Formteilen, die sich ständig wiederholen: Instrumentalteil, Refrain und Strophe (Tabelle unten).

Alle aufgeführten Tanzbewegungen sind als Bausteine zu verstehen und können bei Bedarf verändert werden. Bei der Einstudierung des Tanzes sollte zuerst mit dem Refrain begonnen werden. Zur Festigung kann er sogar das ganze Stück über getanzt werden. Danach verfährt man mit der Einstudierung der anderen Formteile ebenso.

Wenn der Tanz vor Publikum aufgeführt werden soll, sind rote Zipfelmützen sehr wirkungsvoll. Es gibt sie für wenig Geld in der Weihnachtszeit überall zu kaufen.

Da das Lied extrem bekannt ist, haben bestimmt einige Kinder Lust, es zu singen. Zu diesem Zweck ist im Medienpaket zu diesem Heft ein originalgetreues Playback enthalten. Das Original kann bei Spotify oder YouTube abgerufen werden (s. QR-Code) 14 3

Wonderful Dream

Wonderful Dream ist ein englischsprachiges Lied der Sängerin Melanie Thornton aus dem Jahr 2001. Sie besingt darin die Weihnachtszeit, in der etwas Magisches in der Luft liegt – ähnlich wie eine Kerze, die die Dunkelheit erhellt. Passend zu der getragenen Musik des Lieds übernimmt der hier vorgestellte Kerzentanz die magische Atmosphäre in seinen Bewegungsabläufen. Der Fokus liegt dabei auf den Kerzen in den Händen der Kinder, sodass der Tanz hauptsächlich aus Armbewegungen besteht. ALs Kerzen bitte nur LED-Kerzen verwenden!

Es lohnt sich, die verschiedenen Liedteile einzeln einzuüben, erst ohne Musik, dann mit der Originalmusik, damit sich die Kinder schnell an die getragenen Harmonien und den Gesang gewöhnen und ihre Bewegungen anpassen.

Ein besonderer Effekt entsteht, wenn der Raum etwas abgedunkelt ist, sodass die Kinder gerade noch sehen können, wo sie tanzen, aber der Schein der Kerzen für das Publikum in den Vordergrund rückt. Das Original kann bei Spotify oder YouTube abgerufen werden (s. QR-Code auf S. 34) 4 5

1 Oh Weihnachtsmann

T: Jochen Vahle M : Marc Jürgen, Christian Keller, Garrelt Riepelmeier, Jochen Vahle

© 4065 Musikverlag Oliver Alexander; BMG Rights Management GmbH, Berlin

- Hört euch das Lied an! Was fällt euch auf?

Das Endloslied wird bei jeder Wiederholung ____________________ und ____________________ gespielt und gesungen.

2 Oh Weihnachtsmann – Bewegungen

- Die Bewegungen zum Lied sind sehr einfach. Aber bekommt ihr sie am Schluss auch noch ganz schnell hin? Viel Spaß dabei!

„Oh Weihnachstmann…": Zipfelmütze über dem Kopf mit beiden Händen formen

„du bist ein…": Daumen anerkennend hochhalten und rhythmisch hin und her bewegen

„roter Mantel…": Hände über die Brust legen

„Kuschelbart…": mit beiden Händen unter dem Kinn anzeigen

„wir ham dich…": Arme unter der Brust verschränken und den Oberkörper leicht schaukeln

„Doch wehe…": mit rechtem Zeigefinger drohen

„Geschenk…": viereckigen Kasten vor dem Körper formen

„uns zu bringen!": Handflächen vor dem Oberkörper nach oben drehen, als wolle man etwas halten

„Dann fahren wir…": Hände bewegen ein Lenkrad hin und her

„zu deinem Haus…": Hausdach mit den Händen zeigen

„und fangen an…": Fingerspitzen an die Lippen setzen und mit großzügiger Geste die Arme weit nach vorne ausstrecken.

alle Fotos © Stefan Kaufmann

3 Last Christmas

Formteil-Ablauf im Überblick

	Formteil	Zählzeiten	Tanzfiguren
1	Intro (Instrumental)	32 (2 x 8 + 2 x 8)	Ausgangsstellung
2	Refrain Refrain Wiederholung	32 (16 + 16) 32 (16 + 16)	2 x Figurenblock A 2 x Figurenblock A
3	Instrumentalteil	32 (16 + 16)	2 x Figurenblock B
4	Strophe 1 Strophe 2	32 (2 x [4+4+4+4]) 32 (2 x [4+4+4+4])	2 x Figurenblock C 2 x Figurenblock C
5	Refrain Refrain Wiederholung	32 (16 + 16) 32 (16 + 16)	2 x Figurenblock A 2 x Figurenblock A
6	Instrumentalteil	32 (16 + 16)	2 x Figurenblock B
7	Strophe 3 Strophe 4	32 (2 x [4+4+4+4]) 32 (2 x [4+4+4+4])	2 x Figurenblock C 2 x Figurenblock C
8	Refrain Refrain Wiederholung	32 (16 + 16) 32 (16 + 16)	2 x Figurenblock A 2 x Figurenblock A
9	Strophe 5	32 (2 x [4+4+4+4])	2 x Figurenblock C
10	Ausblendung	ca. 12	Schlussfigur

Tanzaufstellung

Während des Intros und Instrumentalteils sitzen die Schüler:innen mit dem Rücken zum Publikum versetzt in drei oder vier Reihen in der Hocke. Danach tanzen sie im Stehen weiter. Die Reihen werden beibehalten.

1 Intro

16 Zz (2 x 8 Zz)
Die Schüler:innen hocken in mehreren Reihen hintereinander mit dem Rücken zum Publikum auf dem Boden.

16 Zz (2 x 8 Zz)
Die Schüler:innen stehen ganz langsam auf und springen auf dem letzten Viertel eine halbe Drehung nach rechts, sodass sie in Blickkontakt mit dem Publikum stehen.

Choreografie – Fortsetzung

2 Refrain (Figurenblock A, 2 x 16 Zz) + Refrain-Wiederholung

2x auf Oberschenkel klatschen

2x in die Hände klatschen

2x mit re Faust auf li Handfläche klopfen

2x mit li Faust auf re Handfläche klopfen

2x re Hand über li Hand vor dem Körper bewegen wie „Ketchup-Tanz"

2x li Hand über re Hand

2x re Hand zupft am re Ohr, dabei Körper zur Seite beugen

2x li Hand zupft am li Ohr, dabei Körper zur Seite beugen

3 Instrumentalteil (Figurenblock B, 2 x 16 Zz)

2 Zz: re Daumen und Zeigefinger fassen Nasenspitze an, dabei Schritt nach vorn und Oberkörper vorbeugen

2 Zz: Unterarme vor dem Körper umeinander drehen („Wolle aufwickeln")

2 Zz: langsam Oberkörper aufrichten, Unterarme weiter drehen

2 Zz: Oberkörper ganz aufrichten, Drehbewegung in Schulterhöhe ausführen

2 Zz: 2 x re Daumen über re Schulter zeigen

2 Zz: 2 x li Daumen über li Schulter zeigen, letzte beide Bilder wiederholen

4 Strophe 1 (Figurenblock C, 2 x 16 Zz)

Vierteldrehung nach re, re Fuß vorsetzen, weitere drei Schritte in Blickrichtung, auf 4 klatschen

Vierteldrehung nach re, re Fuß vorsetzen, weitere drei Schritte in Blickrichtung, auf 4 klatschen

Strophe 2 (Figurenblock C, 2 x 16 Zz)

Vierteldrehung nach re, re Fuß vorsetzen, weitere drei Schritte in Blickrichtung, auf 4 klatschen

Vierteldrehung nach re, re Fuß vorsetzen, weitere drei Schritte in Blickrichtung, auf 4 klatschen

HB 14

Choreografie – Fortsetzung

5 Refrain + Wiederholung ...

2x auf Oberschenkel klatschen

2x in die Hände klatschen ...

6 Instrumentalteil ...

2 Zz: re Daumen und Zeigefinger zur Nase, Schritt nach vorn, Oberkörper beugen

2 Zz: Unterarme vor dem Körper umeinander drehen („Wolle aufwickeln") –

7 Strophe 3+4 ...

Vierteldrehung nach re, re Fuß vorsetzen, weitere drei Schritte in Blickrichtung, auf 4 klatschen ...

8 Refrain + Wiederholung ...

2x auf Oberschenkel klatschen

2x in die Hände klatschen ...

9 Strophe 5 ...

Vierteldrehung nach re, re Fuß vorsetzen, weitere drei Schritte in Blickrichtung, auf 4 klatschen ...

10. Schlussteil, Fade out

Nach der fünften Strophe gehen die Kinder langsam wieder in die Hocke, dabei die Nasenspitze mit rechts anfassen und das Publikum ansehen

4 Wonderful Dream

Liedstruktur	Zählzeiten	Bewegung
Vorspiel I	2 x 8	Aufstehen, LED-Teelichte anknipsen
Vorspiel II	2 x 8	Hände abwechselnd nach vorne strecken (1–2, 5–6 rechts nach vorne, links an die Taille; 3–4, 7–8 links nach vorne, rechts an die Taille)
Strophe I	1 x 8	Hände kreisen vor dem Bauch herum
	1 x 8	Beide Arme abwechselnd diagonal in die Höhe bzw. in die Tiefe strecken (1–2, 5–6 rechts hoch bzw. links runter, 3–4, 7–8 links hoch bzw. rechts runter usw.)
	1 x 4	Beide Arme im großen Bogen nach rechts über den Kopf bis zu den Füßen führen, dabei den Körper nach rechts drehen
	1 x 4	Beide Arme im großen Bogen nach links über den Kopf bis zu den Füßen führen, dabei den Körper nach links drehen
	1 x 8	Die Kinder hocken sich hin, die Hände bleiben am Boden, Gesicht nach vorne
Refrain	1 x 8	Zz 1 (**Won**derful): Kinder schnellen hoch, strecken beide Arme in die Höhe und beginnen die Hände in Wellenbewegungen nach unten zu führen, sodass die Hände ungefähr auf Hüfthöhe enden
	1 x 8	Hände abwechselnd rechts und links wiegend nach außen führen, die jeweils andere Hand vor dem Bauch halten (Zz 1–2, 5–6 rechts, 3–4, 7–8 links)
	1 x 8	Zz 1 (**Won**derful): Kinder schnellen wieder hoch, strecken beide Arme in die Höhe und beginnen die Hände in Wellenbewegungen nach unten zu führen, sodass die Hände ungefähr auf Hüfthöhe enden
	1 x 8	Hände vor dem Bauch, Kinder drehen sich Schritt für Schritt einmal um ihre Achse
Zwischenspiel I	2 x 8	Hände abwechselnd vor dem Bauch hochheben (1–2, 5–6 rechts nach vorne, links an die Taille; 3–4, 7–8 links nach vorne, rechts an die Taille)
Zwischenspiel II	2 x 8	wie Vorspiel II
Zwischenspiel I mit Ende	4 x 8	wie Zwischenspiel I, am Ende hocken sich die Kinder hin
Nachspiel	2 x 8	wie Zwischenspiel I, am Ende (love is the reason it's always a real thing) verschwinden die Kinder im HIntergrund oder gehen ab, dabei Teelichte nacheinander ausschalten, sodass das Ende im Dunkeln erklingt

5 Wonderful Dream – Choreografie

Ausgangsposition

Die Schüler:innen haben ihre LED-Teelichte in der Hand und hocken auf der Bühne in mehreren Reihen hintereinander oder kommen erst mit dem Beginn des Stückes auf die Bühne (je nach Raum und Klassenstärke).

Vorspiel I

2 x 8 Zählzeiten: Die Kinder stehen auf und knipsen ihre LED-Teelichte an, sodass sie im zweiten Teil des Vorspiels, wenn das Schlagzeug (der Beat) einsetzt, den Tanz beginnen.

Vorspiel II

2 x 8 Zählzeiten: Beginn mit Einsatz des Schlagzeugs. Abwechselnd werden die Hände achtmal waagerecht nach vorne gestreckt (Zz 1–2, 5–6 rechts, 3–4, 7–8 links). Die jeweils andere Hand verweilt entsprechend auf Höhe der Taille.

Strophe

Die Strophen (4 x 8 Zählzeiten) bestehen aus je vier Bewegungsmustern:
1 x 8 Zählzeiten: Die Hände vor dem Bauch umeinander herum kreisen.
1 x 8 Zählzeiten: Beide Arme abwechselnd entgegengesetzt in die Höhe bzw. in die Tiefe strecken (1–2 rechts hoch bzw. links runter, 3–4 links hoch bzw. rechts runter usw.)

1 x 4 Zählzeiten: Beide Arme im großen Bogen nach rechts über den Kopf bis zu den Füßen führen, dabei den Körper nach rechts drehen.
1 x 4 Zählzeiten: Beide Arme im großen Bogen nach links über den Kopf bis zu den Füßen führen, dabei den Körper nach links drehen.

1 x 8 Zählzeiten: Die Kinder hocken sich hin, die Hände bleiben am Boden, Gesicht nach vorne.

alle Fotos © Anastasia Schönfeld

Choreografie (Fortsetzung)

Refrain

Der Refrain besteht aus vier Bewegungsmustern.
1 x 8 Zählzeiten: Zz 1 (Wonderful): Kinder schnellen hoch, strecken beide Arme in die Höhe und beginnen die Hände in Wellenbewegungen nach unten zu führen, sodass die Hände ungefähr auf Hüfthöhe enden.
1 x 8 Zählzeiten: Hände abwechselnd rechts und links wiegend nach außen führen, die jeweils andere Hand vor dem Bauch halten (Zz 1–2, 5–6 rechts, 3–4, 7–8 links).

1 x 8 Zählzeiten: Zz 1 (Wonderful): Kinder schnellen wieder hoch, strecken beide Arme in die Höhe und beginnen die Hände in Wellenbewegungen nach unten zu führen, sodass die Hände ungefähr auf Hüfthöhe enden.
1 x 8 Zählzeiten: Hände vor dem Bauch halten, Kinder drehen sich Schritt für Schritt einmal um ihre Achse.

Zwischenspiel I

2 x 8 Zählzeiten: Hände abwechselnd vor dem Bauch hochheben (Zz 1, 3, 5, 7 rechts, 2, 4, 6, 8 links), folgen Strophe II und Refrain

Zwischenspiel II

2 x 8 Zählzeiten: wie Vorspiel II

Zwischenspiel I mit Ende

4 x 8 Zählzeiten: wie Zwischenspiel I (3 x 8) , Kinder gehen in die Hocke, um wieder mit dem Refrain zu starten.

Nachspiel

2 x 8 Zählzeiten: wie Zwischenspiel I, am Ende (love is the reason it's always a real thing) verschwinden die Kinder im Hintergrund oder gehen ab, sie schalten dabei die Teelichter nacheinander aus, sodass das Ende im Dunkeln erklingt.

alle Fotos © Anastasia Schönfeld

Raps und Kanons

Die Weihnachtszeit ohne das Vortragen klassischer Gedichte ist kaum vorstellbar. Doch das Auswendiglernen von Gedichten ist für die meisten Kinder keine angenehme Aufgabe. Eine recht sichere Methode, Kinder für Lyrik zu begeistern, ist das Einüben von Bewegungen oder einer musikalischen Begleitung zum Text. In einem neuen Rap-Gewand werden selbst lange Gedichte oder „abgedroschene Verse" spannend und interessant. Fast jedes Gedicht hat einen eigenen Rhythmus, der sich herausarbeiten und wirkungsvoll vortragen (rappen) lässt. Begleitet werden kann der gerappte Text auf Körperinstrumenten oder mit Schulinstrumenten, wie die beiden hier vorgestellten Beispiele zeigen. Mehrstimmiges Singen findet in der Grundschule oft im Einüben von Kanons statt. Aufführungsreif kann der Gesang durch eine Instrumentalbegleitung wie im Kanon *Da ist ein Leuchten in der Nacht* oder durch begleitende Bewegungen wie bei *Holler boller Rumpelsack* erweitert werden.

Raps

Holler boller Rumpelsack

Einfache Weihnachtsverse wie das *Holler boller Rumpelsack* von Albert Sergel aus dem Jahre 1876 prägen sich besser ein und sind auch gleich viel lebendiger, wenn sie durch rhythmische Bewegungen begleitet werden. Die vorgestellten Gebärden sind sehr schnell nachzuahmen, können abgeändert oder durch weitere ergänzt werden.

Wenn auf einer Adventsfeier eine große Gruppe schnell zum Mitmachen animiert werden soll, ist dieser kurze Sprechvers genau das Richtige. Eine wirkungsvolle Performance wird daraus, wenn einige Kinder das Gedicht zum Rap-Playpack vortragen 15 1

Weihnachten (Joseph von Eichendorff)

Das Gedicht *Weihnachten* aus dem 19. Jahrhundert ist nicht nur eines der bekanntesten Weihnachtsgedichte, durch seinen Wortklang und die beschriebenen Bilder gibt es die besinnliche Weihnachtsstimmung sehr gut wieder. Wegen der „alten Sprache" sollte das Gedicht, wenn möglich, im Deutschunterricht bearbeitet werden.

Mit seinem vierhebigen Metrum eignen sich die Verse besonders gut zum Rappen. Einen Viererrhythmus klatschen oder klopfen und dazu sprechen, das gelingt schon kleinen Kindern gut. Dabei betonen sie automatisch die Textsilben, an denen sie klatschen oder klopfen.

Es gibt viele Möglichkeiten, vier Schläge auf dem Körper auszuführen. Am unkompliziertesten ist das sich immer wiederholende Patschen auf einen einzigen Körperteil (Oberschenkel, Brust). Das wird jedoch schnell langweilig und eintönig. Fast alle Körperteile lassen sich zum Klingen bringen, sodass Variationen im Rhythmusklang immer möglich sind. Auch kleine rhythmische Veränderungen wie eingebaute Doppelschläge oder Pausen machen eine Rapbegleitung spannend.

Alle auf dem Körper ausgeführten Rhythmen können auch auf Schlaginstrumente übertragen werden. Allerdings sollte man dann darauf achten, dass nicht zu laut gespielt wird. Der Sprechgesang muss immer gut zu verstehen sein.

Audio:

15 Rap-Playback zu *Holler boller Rumpelsack* und *Weihnachten*
16 *Paimen laulaa*
17 *Paimen laulaa* – Playback
18 *Paimen laulaa – Stabspielbegleitung*
19 *Da ist ein Leuchten in der Nacht* – Playback
20 Stabspielbegleitung

Manchmal haben die Schüler:innen auch eigene Ideen zur Gestaltung des Begleitrhythmus'. Die sollten auf jeden Fall Gehör finden und ausprobiert werden. Wenn zum Hörbeispiel gerappt wird, beginnt der Sprecheinsatz direkt nach dem Vorspiel auf der „1". 15 2

Es gibt viele Gedichte, die sich zum Rappen eignen und die zu diesem Rhythmusarrangement und zum Hörbeispiel passen. Eine kleine Auswahl bekannter Grundschulgedichte für die Weihnachtszeit: *Der Bratapfel* (Fritz und Emilie Kögel), *Die Weihnachtsmaus* (James Krüss), *Knecht Ruprecht* (Theodor Storm).

Zu beachten:

- Zu einer eigenen Rhythmusbegleitung können die Schüler:innen nur rappen, wenn sie das Gedicht auswendig können. Ist das nicht der Fall, übernimmt eine Gruppe den Rhythmuspart, die andere den Sprechgesang.
- Der Rap wird zuerst langsam eingeübt, danach schneller.
- Um sich auf den Rhythmus einzustimmen, wird dieser am Anfang ohne Text mehrmals wiederholt.
- Der Text muss sehr deutlich gesprochen werden.
- Wird das Gedicht zum Hörbeispiel gerappt, muss die Lautstärke dem Vortrag angepasst werden, damit der Text gut zu verstehen ist.

Kanons

Paimen laulaa

Eins der wenigen finnischen Weihnachtslieder, die in deutschen Liederbüchern zu finden sind, ist der vierstimmige Kanon *Paimen laulaa*. Text und Melodie sind so schlicht und einfach, dass selbst Erstklässler:innen diesen Kanon schnell erlernen können. „Paimen laulaa" bedeutet auf deutsch soviel wie „Hirten singen". Der Hirtengesang beschränkt sich im Lied auf die stimmungsvollen Silben „tun-ti-li-luu". Mit viel Fantasie ist der Freudengesang als „Christ ist geboren" zu deuten. In England wird anstatt „paimen laulaa" „shepherds singing" oder „bells are ringing" gesungen. In Deutschland gibt es Veröffentlichungen, die ganz frei übersetzt „Hört die Glocken" für *Paimen laulaa* gewählt haben.

Den Kanon einstudieren

Die schnellste und einfachste Methode, den Kanon einzuüben ist, einen Teil nach dem anderen vorzusingen und von den Kindern wiederholen zu lassen. Danach wird die Klasse in vier Gruppen aufgeteilt. Jede Gruppe übernimmt einen der vier Teile und wiederholt diesen ständig – keine besonders schwere Aufgabe, da jede einzelne Stimme nur zweitaktig ist und aus vier Tönen besteht.

Die Lehrkraft gibt nacheinander jeder Gruppe den Einsatz, sodass bereits die Vierstimmigkeit des Kanons zu hören ist (Mogelkanon), wenn alle Gruppen singen. Nach mehrmaligem Wiederholen werden die Gruppen gewechselt. Gruppe 1 übernimmt jetzt den zweiten Teil, Gruppe 2 den dritten, Gruppe 3 den vierten und Gruppe 4 den ersten Teil. Das wird so lange fortgesetzt, bis jede Gruppe jeden Teil in diesem Mogelkanon einmal gesungen hat.

Als weitere Vorübung kann jetzt der Kanon zweistimmig erklingen, indem die Klasse unisono den ganzen Kanon singt, und die Lehrkraft den zweiten Einsatz alleine übernimmt.

Beim Singen des kompletten Kanons können vier Instrumentalist:innen, die die Melodie auf Xylofonen mitspielen, nacheinander mit jeder Gruppe beginnen und sie beim „Durchhalten" ihrer Stimme unterstützen.

Auf Seite 41 werden weitere Gestaltungsvorschläge gegeben. So kann der Kanon mit einem Bordunton begleitet werden oder/und als Mogelkanon auf Glockenspielen erklingen.

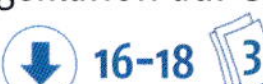

Da ist ein Leuchten in der Nacht

Der Kanon *Da ist ein Leuchten in der Nacht* ist in vielen christlichen Liederbüchern mit ähnlichen Texten und Melodien zu finden. Durch sein langsames Grundtempo erzeugt er eine ruhige, fast meditative Stimmung. Mit einer Stabspielbegleitung kann der Gesang stimmungsvoll begleitet werden. 19-20 4

Liederarbeitung

Die Melodie wird zunächst einstimmig durch Vor- und Nachsingen unter Zuhilfenahme deutlicher Handzeichen für die Tonhöhe eingeübt. In der ersten Zeile sollten Lehrkraft und Kinder gemeinsam einen Schnipser oder ein lautloses Zeichen auf die Viertelpause im dritten Takt setzen, damit diese deutlich akzentuiert von den Schüler:innen eingehalten wird. Bei erlangter Sicherheit kann das Zeichen wegfallen. Das Aushalten der langen Noten wird mit einer seitlich ziehenden Handbewegung von der Lehrkraft unterstützt. Nur mit wirklich ausgehaltenen Tönen klingt der Kanon später schön. Wenn Melodie und Text sicher sind, beginnt das zweistimmige Singen, indem die Klasse einstimmig und die Lehrkraft den zweiten Einsatz laut alleine hinterher singt. So können sich die Kinder gut an die Mehrstimmigkeit und das Kanonsingen herantasten. Dann werden die Schüler:innen zunächst in zwei, später in drei Gruppen eingeteilt.

Instrumentalbegleitung:

Die Stimmen 1 und 4 sind einfach, da die Töne langsam wechseln und nahe beieinander liegen. Den Rhythmus der ersten Stimme kann man im Übeprozess mit einer Handtrommel unterstützen.

Stimme 2 erfordert etwas mehr Geschick. Die ersten drei Takte sind jedoch Sequenzen, die sich jeweils einen Ton tiefer wiederholen. Lediglich der letzte Takt ist durch Tonwiederholung anders gebaut.

Die dritte Stimme ist nur für Kinder geeignet, die bereits über eine fortgeschrittene Handmotorik verfügen und rhythmisch sicher sind. Die Pause auf Zählzeit 1 stellt eine besondere Herausforderung dar. Beim Einüben sollten die Schüler:nnen zunächst deutlich in die Luft schlagen und laut „1" dazu sprechen. Die Stimme könnte auch am Klavier von einem geübten Kind gespielt werden. Es ist aber auch möglich, die dritte Stimme ganz wegzulassen.

Die Liedmelodie, von einem geübten Flötenkind dazu gespielt, macht das Arrangement zu einem perfekten Vorspiel.

1 Holler boller Rumpelsack

T: Ibert Sergel, 1876

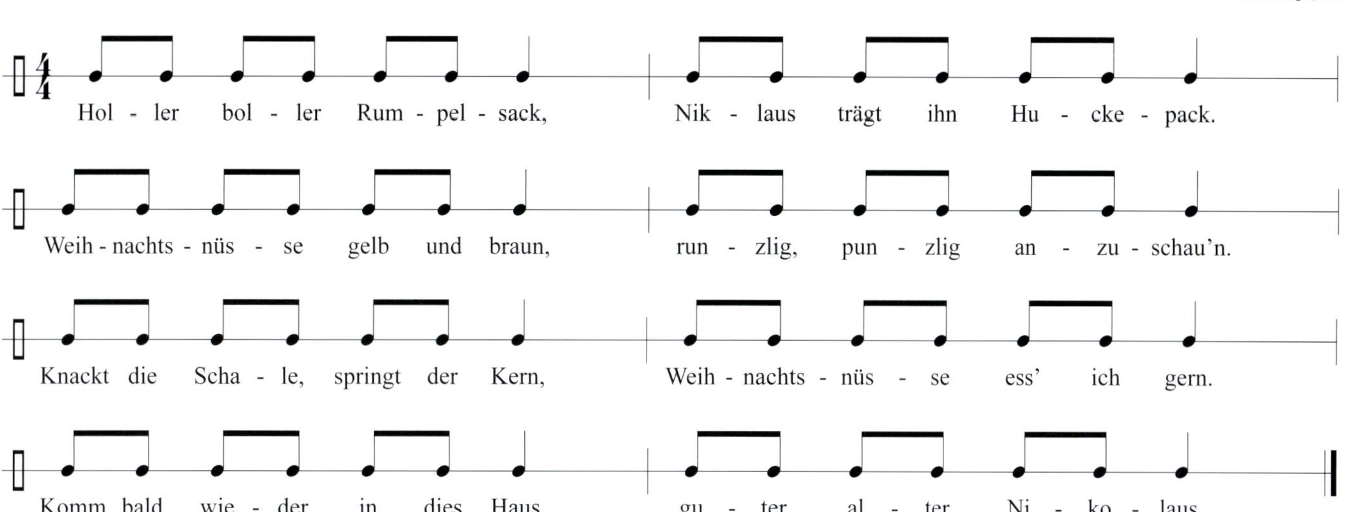

Holler boller Rumpelsack,

auf der Stelle gehen

Niklaus trägt ihn Huckepack.

Arme halten imaginären Sack fest

Weihnachtsnüsse gelb und braun,

patschen

runzlig, punzlig anzuschau'n.

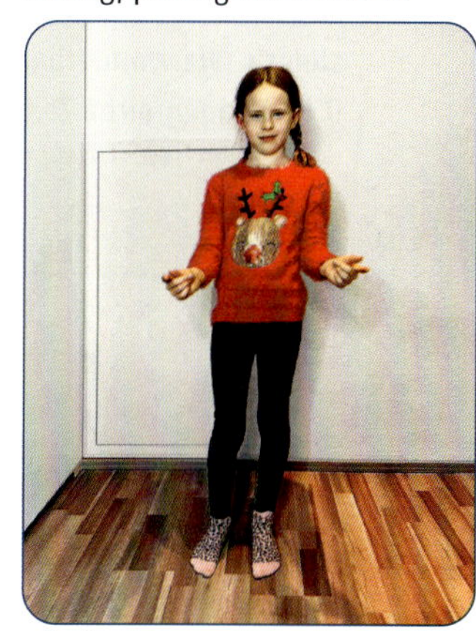

schnipsen

Knackt die Schale, springt der Kern,

Ellenbogen wie beim „Ententanz" an den Körper schlagen

Weihnachtsnüsse ess' ich gern.

klatschen

Komm bald wieder in dies Haus,

springen

guter alter Nikolaus.

springen und klatschen

alle Fotos © Stefan Kaufmann

2 Weihnachten

Markt und Straßen steh'n verlassen,
still erleuchtet jedes Haus.
Sinnend geh' ich durch die Gassen,
alles sieht so festlich aus.

An den Fenstern haben Frauen
buntes Spielzeug fromm geschmückt.
Tausend Kindlein steh'n und schauen,
sind so wunderstill beglückt.

Und ich wand're aus den Mauern
bis hinaus ins freie Feld.
Hehres Glänzen, heil'ges Schauern!
Wie so weit und still die Welt!

Sterne hoch die Kreise schlingen,
aus des Schneees Einsamkeit
steigt's wie wunderbares Singen –
O du gnadenreiche Zeit!

Joseph von Eichendorff

Joseph von Eichendorff (1788–1857)

Der Verfasser des Gedichts *Weihnachten* war einer der berühmtesten Dichter jener Zeit, die man heute „Romantik" nennt. In seinen Gedichten schrieb er über romantische Gefühle wie Liebe, Sehnsucht, Erinnerungen, Fernweh und Träumereien. Musiker haben sich später Melodien zu seinen Gedichten ausgedacht. Heute noch werden die Lieder von vielen Chören gesungen. Auch von dem Gedicht *Weihnachten* gibt es Vertonungen. Ihr könnt sie bei YouTube anhören.

Rhythmusbegleitung für „Holler boller Rumpelsack" und „Weihnachten"

3 Paimen laulaa

T+M: überliefert aus Finnland

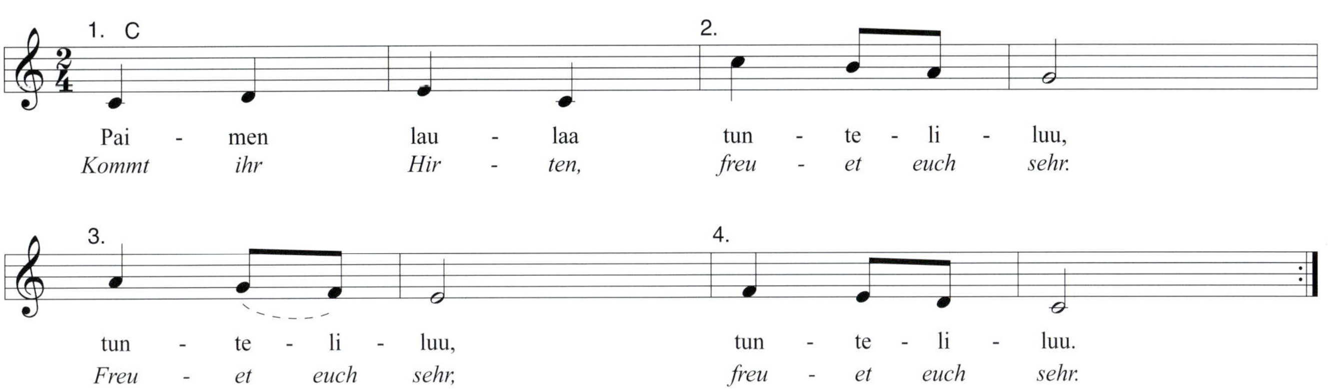

Stabspielbegleitung zu „Paimen laulaa"

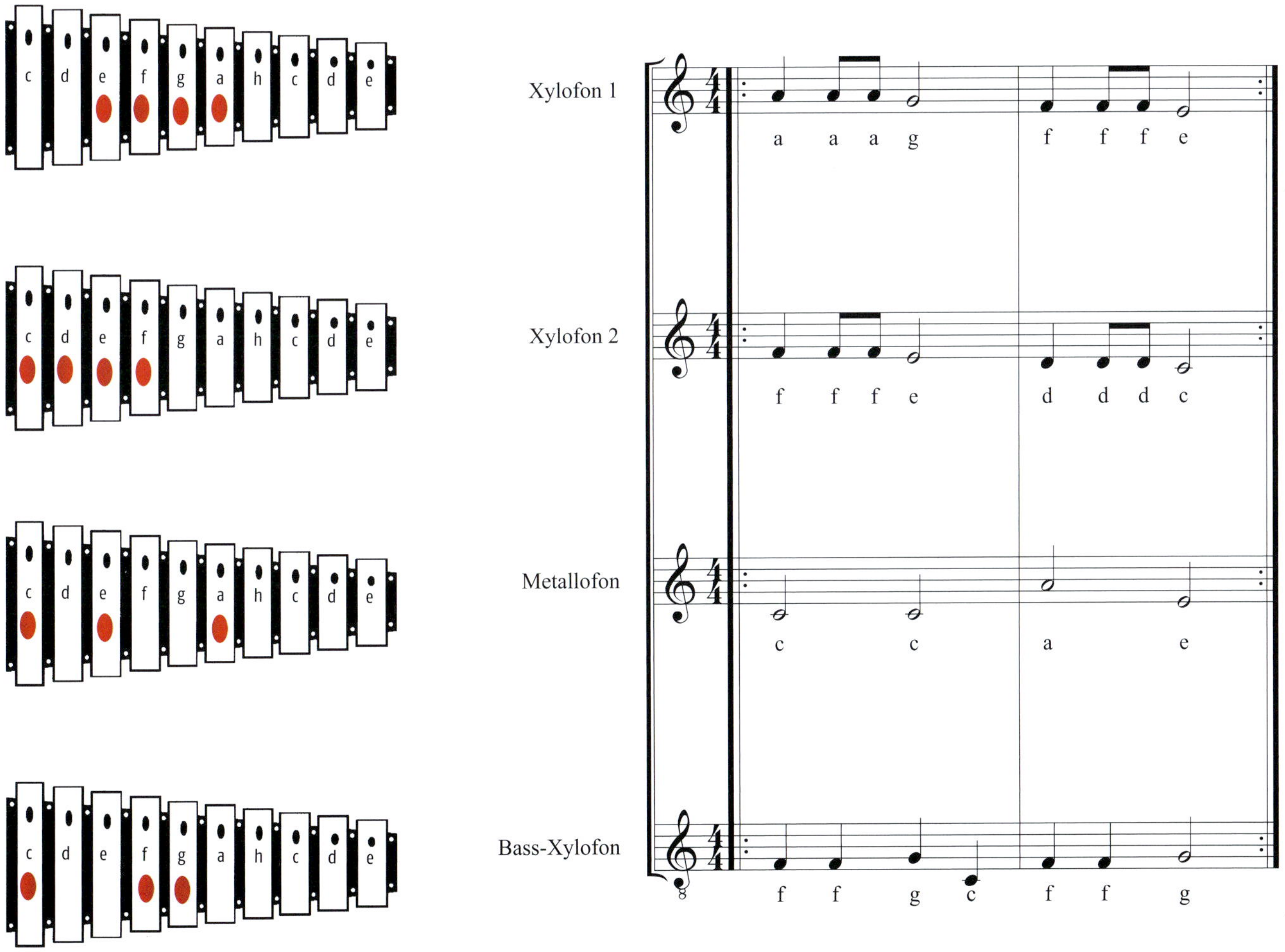

c d e f g a h c d e

c d e f g a h c d e

c d e f g a h c d e

c d e f g a h c d e

Xylofon 1
a a a g f f f e

Xylofon 2
f f f e d d d c

Metallofon
c c a e

Bass-Xylofon
f f g c f f g

4 Da ist ein Leuchten in der Nacht

Text: Rolf Krenzer
Musik: Ludger Edelkötter

© (Text): Rolf Krenzer Erben, Dillenburg; © (Mel.): KiMu Kinder Musik Verlag GmbH

Stabspielbegleitung

Singen und Raten

In allen Klassenstufen ist das Hören von Weihnachtsmusik eine gute Einstimmung auf Weihnachten. Viele Weihnachtslieder wiederholen sich Jahr für Jahr und benötigen eine Auffrischung, um nicht abgedroschen und langweilig zu werden.

Neuen Pep können sie durch Rätselaufgaben erhalten, die von den Kindern gelöst werden müssen. Das Erkennen von traditionellen Weihnachtsliedern anhand von textloser Instrumentalmusik ist spannend und gibt darüber hinaus der Lehrkraft Informationen darüber, welches Liederrepertoire in der Klasse bekannt ist. Instrumentenwissen kann durch das Nikolauslied mit der Melodie von *Jingle Bells* abgefragt werden und ein sehr bekanntes Weihnachtslied wie *Ihr Kinderlein kommet* motiviert durch ein witziges Tierlauträtsel und Textverfremdungen zum häufigen Singen.

Fast alle Schüler:innen lieben Stunden, in denen geraten, gesungen und gespielt wird. Diesen Umstand kann sich die Lehrkraft zunutze machen, wenn sie eine Vertretungsstunde geben muss. Mit Rätselaufgaben in der Vorweihnachtszeit ist sie gut vorbereitet und weckt garantiert das Interesse der Klasse.

Weihnachtsliederrätsel

Mit diesem Zuordnungsspiel, das sich auch wunderbar für eine Vertretungsstunde anbietet, erhält die Lehrkraft schnell einen Überblick darüber, welche Weihnachts- und Winterlieder die

Audio:

21 ***Ihr Kinderlein kommet*** **– mit Zauberspruch**
22 ***Kling, Glöckchen*** **– mit Zauberspruch**
23 ***O Tannenbaum*** **– mit Zauberspruch**
24 ***Lasst uns froh und munter sein*** **– mit Zauberspruch**
25 ***Schneeflöckchen, Weißröckchen*** **mit Zauberspruch**
26 ***Alle Jahre wieder*** **– mit Zauberspruch**
27 ***Stille Nacht*** **– mit Zauberspruch**
28 ***Jingle Bells*** **– Playback**
29 **Nikolaus-Puzzle-Rätsel**
30 ***Ihr Kinderlein kommet*** **– Playback**
31 **Rätselaufgabe zu *Ihr Kinderlein kommet***
32 ***Ihr Kinderlein kommet*** **– 2 Strophen mit Tierlauten**

Als Sozialform für die Rateaufgaben bietet sich die Bearbeitung in Kleingruppen an.

Schüler:innen kennen und wie textsicher sie sind.

Zuerst werden sieben Weihnachtslieder von den Audio-Tracks zu diesem Heft vorgespielt. Sie müssen beim Hören erkannt und auf AB 1 notiert werden. 21-27 1 Bei den Liedern handelt es sich um traditionelle Volksweisen. Wenn die Melodie erkannt ist, muss der Inhalt des Liedtextes in groben Zügen präsent sein, die Melodie soll auf AB 2 der richtigen Zeichnung zugeordnet werden. 2 Die Buchstaben an den Zeichnungen ergeben, der Reihenfolge der Hörbesipiele nach, den Namen des Zauberers: *Zarobald*. Lösungswörter sind sehr beliebt bei Schüler:innen, weil sie dadurch die Möglichkeit erhalten sich selbst zu kontrollieren und zu korrigieren.

Die Zaubersprüche vor jedem Hörbeispiel dienen der Einstimmung und geben bereits einen kleinen Hinweis auf den Liedtext und die Lösung.

Als Sozialform bietet sich die Bearbeitung in Kleingruppen an. Die Kinder können sich untereinander beraten, Wissen austauschen und kommen sicher alle gemeinsam gut ans Ziel.

So geht's – in Kurzform

- Klasse in Kleingruppen teilen,
- AB 1 und AB 2 austeilen,
- die Aufgabe gemeinsam lesen und Fragen klären,
- Hörbeispiele nacheinander abspielen,
- stoppen, wenn sich die Gruppen beraten müssen,
- Lösungswort vergleichen,
- nochmaliges Abspielen der Hörbeispiele und Benennen der Lieder.

Nikolaus, Nikolaus

Nikolaus, Nikolaus, pack die Taschen aus von Volker Rosin ist eine freche und ironische deutsche Textfassung des englischen *Jingle Bells*. Viele Kinder kennen dieses Nikolauslied bereits aus ihrer Kindergartenzeit, sodass es in der Grundschule nur noch aufgefrischt werden muss. Mit einem Spiel, einer Höraufgabe und einem Puzzle-Rätsel können die Kinder ihr Instrumentenwissen erweitern und vertiefen. 28-29 3 5 Sollen die Instrumente darüber hinaus zum Einsatz kommen, ist auf dem Arbeitsblatt 4 ein einfacher Mitspielsatz abgedruckt.

Das Instrumentenspiel

Den kindlichen Erwartungen der Vorweihnachtszeit entsprechend und zur Rätselaufgabe hinführend, kommt die Lehrkraft mit einem Jutesack in die Klasse. Darin befinden sich die sechs auf dem Puzzleblatt abgebildeten Instrumente. Die Kinder sitzen im Stuhlkreis. Eines darf in den Sack fassen und ein Instrument erfühlen, beschreiben, von den Mitschüler:innen erraten lassen und zuletzt herausholen. Mit den anderen Instrumenten wird in gleicher Weise verfahren. Nachdem alle Instrumente erkannt und aus dem Sack geholt worden sind, bekommt ein Schüler oder eine Schülerin die Aufgabe, eines der sechs Instrumente zu spielen. Alle anderen schließen dabei die Augen. Ist der Spielende fertig, legt er das Instrument weg und sagt: „Augen auf!" Wer das richtige Instrument benennt, darf es wieder in den Sack stecken und das nächste Instrument wählen. Nach diesem Hinhörspiel kann das Arbeitsblatt mit dem Puzzle verteilt werden.

Das Puzzle-Rätsel

Der Sack des Nikolaus ist in mehrere Puzzlestücke geteilt, die mit Zahlen versehen sind. Unter dem Sack liegen die herausgefallenen Instrumente, die in die Puzzleteile passen. Die Teile werden ausgeschnitten und gemäß dem Arbeitsauftrag beim Anhören des Hörbeispiels 29 5 auf die entsprechenden Felder im Sack gelegt. Zum Schluss werden die Puzzleteile aufgeklebt. Der Nikolaus kann ausgeschnitten und auf ein DIN A4-Blatt geklebt werden.

Ihr Kinderlein kommet

In fast allen Grundschulen gehört *Ihr Kinderlein kommet* zum festen Liedrepertoire, deshalb kann beim Abspielen des Playbacks davon ausgegangen werden, dass bereits Erstklässler das Lied schon gehört oder gesungen haben.
30 6

Aufgrund dieser Tatsache kann, nach dem Austeilen der Tierkarten, sofort mit der Rätselaufgabe fortgefahren werden. Alle Anweisungen werden von dem Sprecher der Rätselaufgabe gegeben. 31 7 8

Am Ende der Stunde können die Kinder die Melodie ohne Text, nur mit den Tierlauten singen. Das kann strophenweise zum Playback mit nur einem Tierlaut geübt werden oder später mit wechselndem Tierlaut pro Zeile zu den beiden Playbacks der Rätselstrophen. 32

1 Zaubersprüche zu den Weihnachtsliedern

- Hört die Zaubersprüche mit den Weihnachtsmelodien.
- Der Zauberer hat aus seinem Hut sieben bekannte Weihnachts- und Winterlieder gezaubert. Erkennt ihr sie?
- Schreibt zu jedem Zauberspruch den Titel des Liedes, das ihr erkannt habt.

1. *Krötendreck und Schlangenei,*
   macht den Weg zur Krippe frei.

   Das gesuchte Lied heißt: ______________________________

2. *Zauberstab, Zylinderhut,*
   Glöckchen klingen schön und gut.

   Das gesuchte Lied heißt: ______________________________

3. *Hokupokus Fidibus,*
   ein Baum noch in das Zimmer muss.

   Das gesuchte Lied heißt: ______________________________

4. *Simsalabim und Eiderdaus,*
   stellt die Teller schnell heraus.

   Das gesuchte Lied heißt: ______________________________

5. *Hokupokus, 1, 2, 3,*
   aus den Wolken schnell herbei!

   Das gesuchte Lied heißt: ______________________________

6. *Abrakadabra trallala,*
   das Christkind, das kommt jedes Jahr.

   Das gesuchte Lied heißt: ______________________________

7. *Simsalabim, jetzt gebt gut acht,*
   keiner schläft in dieser Nacht.

   Das gesuchte Lied heißt: ______________________________

2 Weihnachtsliederrätsel

■ An jedem Bild steht ein Buchstabe. Wenn ihr alle Lieder richtig zugeordnet habt, verraten euch die Buchstaben den Namen des Zauberers. Viel Erfolg!

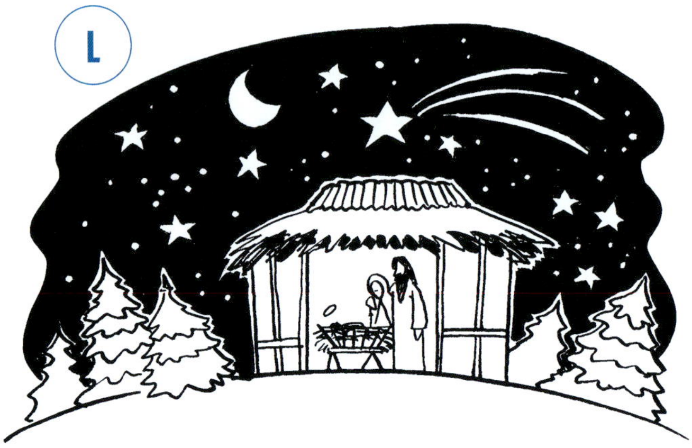

A

L

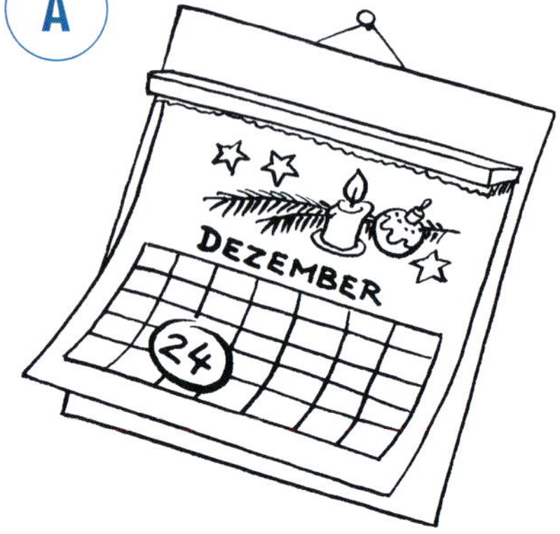

O

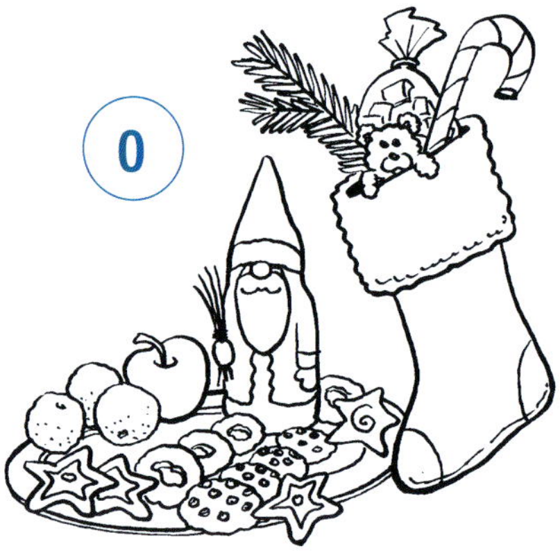

D

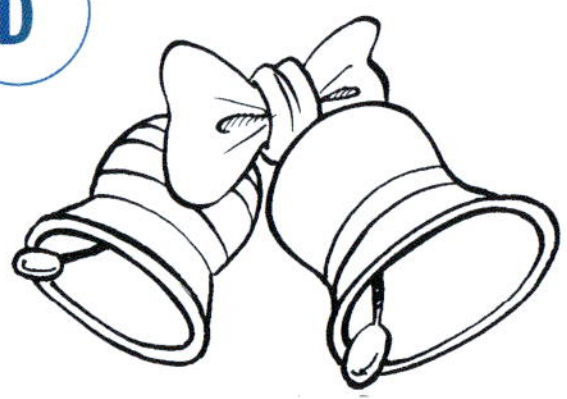

R

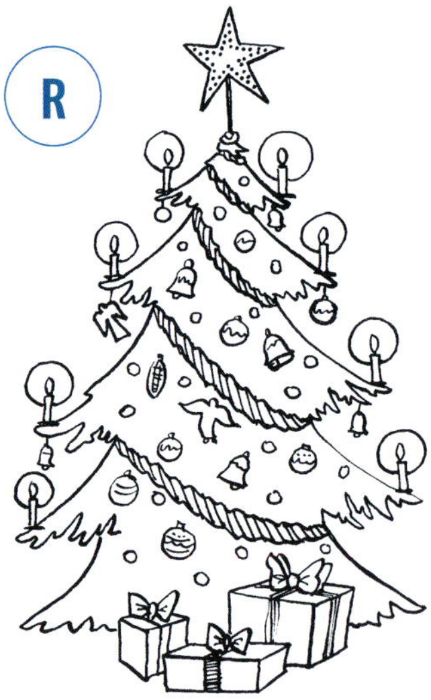

A

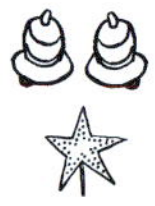

B

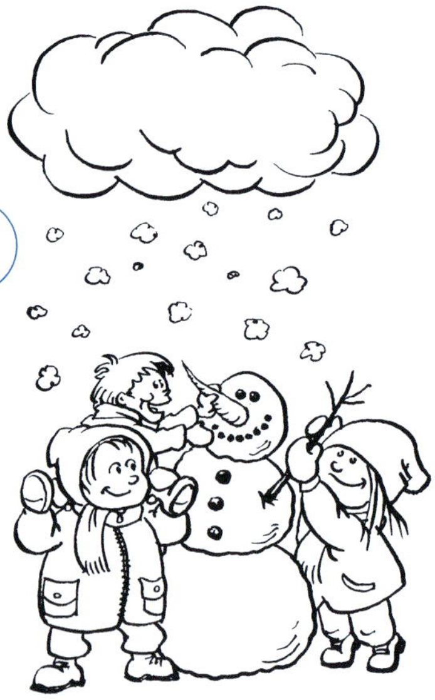

Z

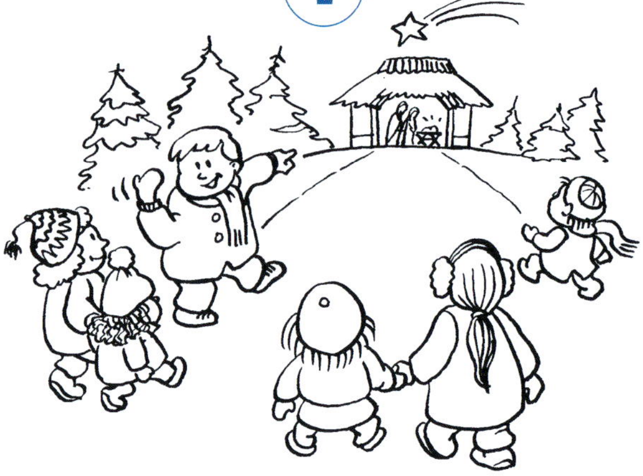

Der Zauberer heißt ______________________________

3 Nikolaus, Nikolaus (nach der Melodie *Jingle Bells*)

T: Volker Rosin
M: Volker Rosin, nach einer Volksweise

F | B♭ | F
Ni - ko - laus, Ni - ko - laus, pack die Ta - schen aus! Dass ich im - mer ar - tig war, weiß

G | C | F
je - der hier im Haus, ja! Ni - ko - laus, Ni - ko - laus, pack die Ta - schen aus!

B♭ | F | C | F
Dass ich im - mer ar - tig war, weiß je - der hier im Haus! 1. Ich

F | B♭ | C
bin ein bra - ves Kind. Das weißt du doch be - stimmt. Hör' im - mer zu, wenn Mut - ti spricht und

F | F | B♭
är - ge - re sie nicht. Und mei - nem Schwes - ter - lein, der stell' ich nie ein Bein. Ich

C | F
neh - me ihr kein Spiel - zeug weg, das wä - re ja ge - mein.

© Moon Records Verlag, Düsseldorf

Kind: „Schau mal, da kommt ja der Nikolaus!"

(Refrain)
Nikolaus, Nikolaus,
pack die Taschen aus!
Dass ich immer artig war,
weiß jeder hier im Haus, ja!
Nikolaus, Nikolaus,
pack die Taschen aus!
Dass ich immer artig war,
weiß jeder hier im Haus, ja!
Nikolaus: „Na, du?"

(1.) Ich bin ein braves Kind.
Das weißt du doch bestimmt.
Hör' immer zu, wenn Mutti spricht
und ärgere sie nicht.
Nikolaus: „Das hör' ich gern."

Und meinem Schwesterlein,
der stell' ich nie ein Bein.
Ich nehme ihr kein Spielzeug weg,
das wäre ja gemein.
Nikolaus: „Das stimmt."

(Refrain) Nikolaus, Nikolaus, …

(2.) Ich räum' mein Zimmer auf.
Trag' schwere Kisten rauf.
Wenn ich nur Vati helfen kann,
bin ich der stärkste Mann.
Nikolaus: „Sehr gut."

Auch in der Schule bin
ich fleißig und hör' hin.
Ich bin ein echter Sonnenschein,
sagt meine Lehrerin.
Nikolaus: „Das freut mich."

(Refrain) Nikolaus, Nikolaus, …

(3.) Ich bin so lieb und nett,
geh' abends brav ins Bett.
Ich mach' sofort die Augen zu
und gebe dann auch Ruh'.
Nikolaus: „Wie schön."

So artig, wie ich war,
bleib ich im nächsten Jahr.
Der Niklaus greift in seinen Sack
und lacht ganz laut: „Ha, ha!"

(Refrain) Nikolaus, Nikolaus, …

HB 28

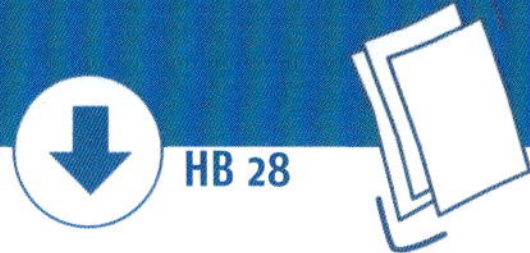

4 Mitspielsatz

Refrain
Glockenspiel
Xylofon
a a a a a a
a f a
Metallofon
f f
f d f
Gl
Xy
b b b a a a
g g g
a a a a a a
a f a
M
d f
d d e
f f
f d f
Gl
Xy
b b b a a a
c c f
Strophe
8
M
d f
e e c
8

Rhythmus-Begleitung

Triangel
klingend
gedämpft
klingend
gedämpft
Schellenring
(spielt nur im Refrain)
Handtrommel
Pauke

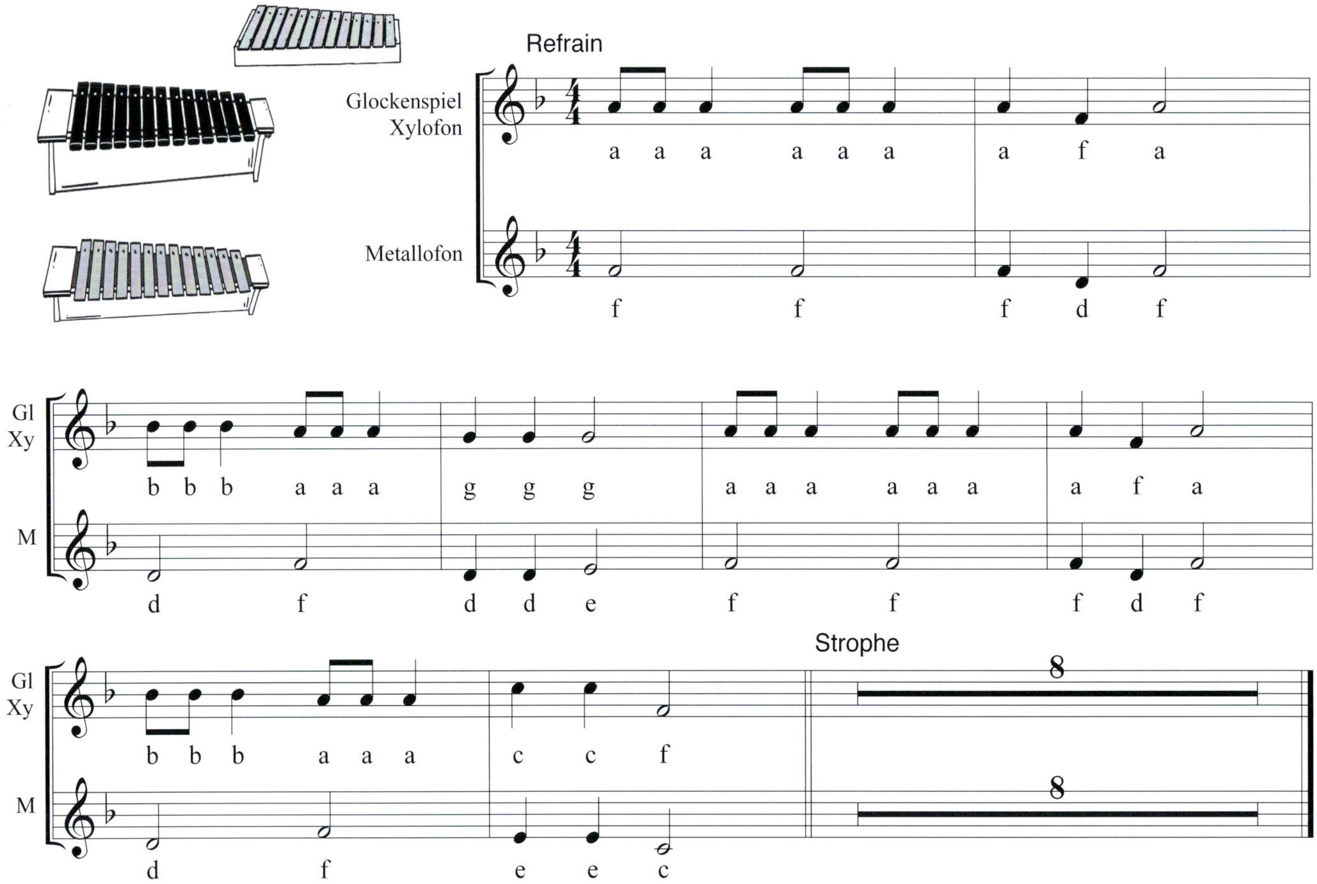

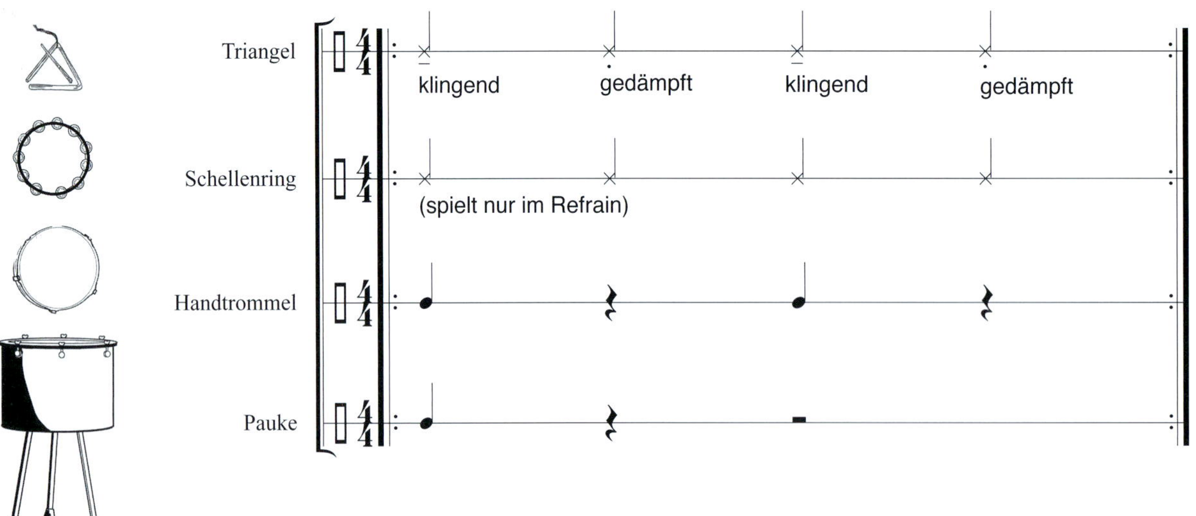

5 Nikolaus-Puzzle-Rätsel

Dem Nikolaus sind sechs Instrumente aus dem Sack gefallen. Ihr sollt sie wieder hineinlegen.

- Hört, welches Instrument als erstes mitspielt. Das Puzzleteil mit dem Bild dieses Instruments legt ihr auf das erste Feld. Mit den anderen Teilen macht ihr es genauso.

1

3

4

5

2

6

6 Ihr Kinderlein kommet

T: Christoph Schmid
M: Johann A. P. Schulz

2. Da liegt es, das Kindlein, auf Heu und auf Stroh,
Maria und Josef betrachten es froh.
Die redlichen Hirten knien betend davor,
hoch oben schwebt jubelnd der Engelein Chor.

3. O beugt, wie die Hirten, anbetend die Knie!
Erhebet die Hände und danket wie sie!
Stimmt freudig, ihr Kinder – wer wollt sich nicht freun?
Stimmt freudig zum Jubel der Engel mit ein!

4. Im Stall hört ihr's blöken, ein Schäflein ist da.
Und Krach macht der Esel, er schreit sein IA.
Die Ente, die watschelt und quakt laut dazu.
Zur Krippe da trampelt die muhende Kuh.

Erklärungen

Krippe:	ein offener Holzbehälter für Tierfutter
Bethlehem:	Ort im Nahen Osten – Geburtsort von Jesus Christus
redlich:	ehrlich und verlässlich
Hirten:	Bewacher und Beschützer von Schafen

7 Tierkarten

Hört unsere Aufnahme von *Ihr Kinderlein kommet*. Darin haben sich die „Stimmen" von acht Tieren versteckt. Erkennt ihr sie?

- Schneidet die acht Tierkarten unten aus. Legt sie gut sichtbar auf euren Tisch. Wenn ihr in dem Lied einen Tierlaut hört, haltet die passende Karte hoch. Legt sie danach der Reihe nach auf den Tisch!

8 Stall und Krippe

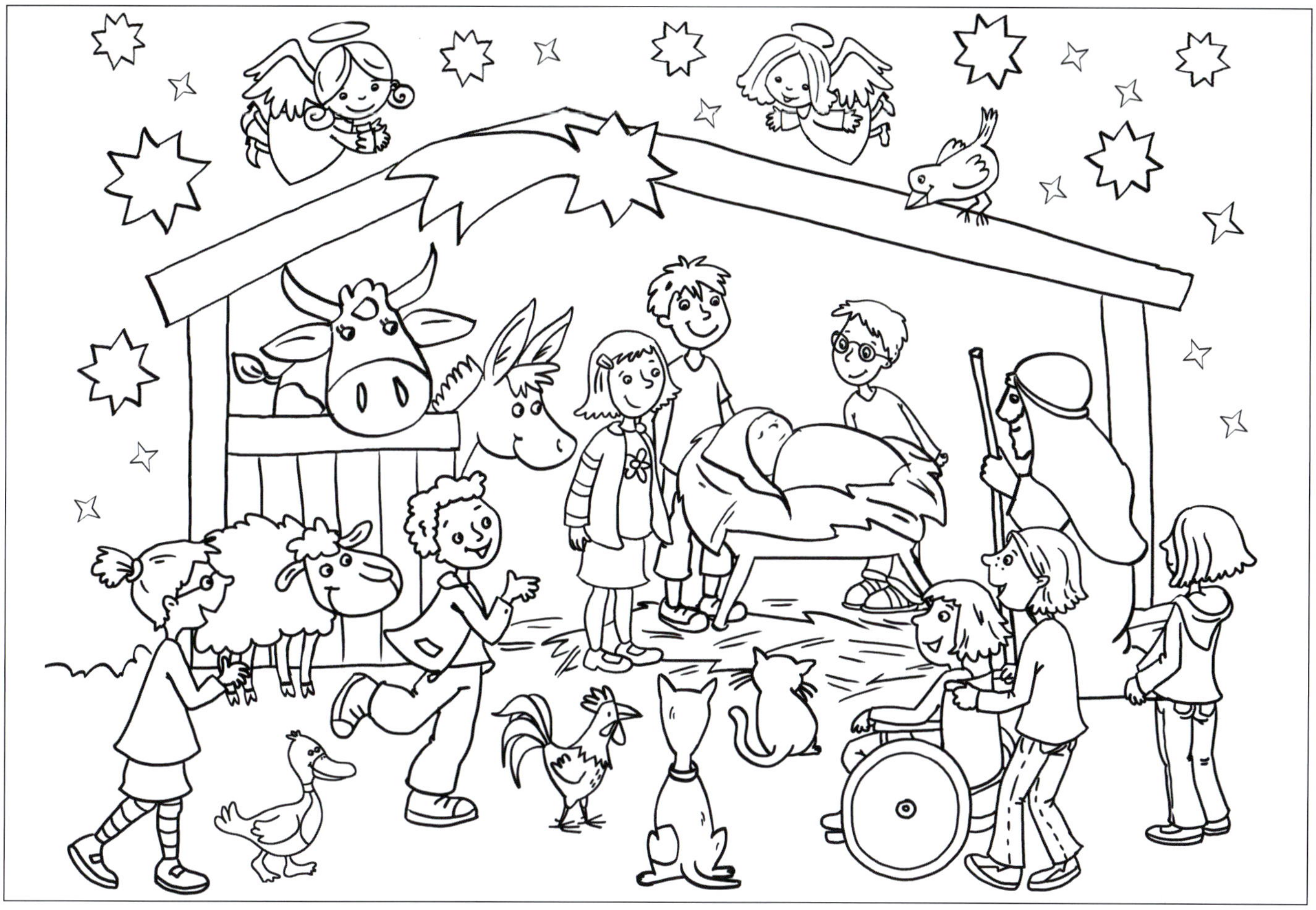

- Legt die Tierkarten in der Reihenfolge in die Kästchen, in der sie in der Aufnahme von *Ihr Kinderlein kommet* zu hören waren.
- Wenn alles timmt, könnt ihr sie aufkleben und anmalen.

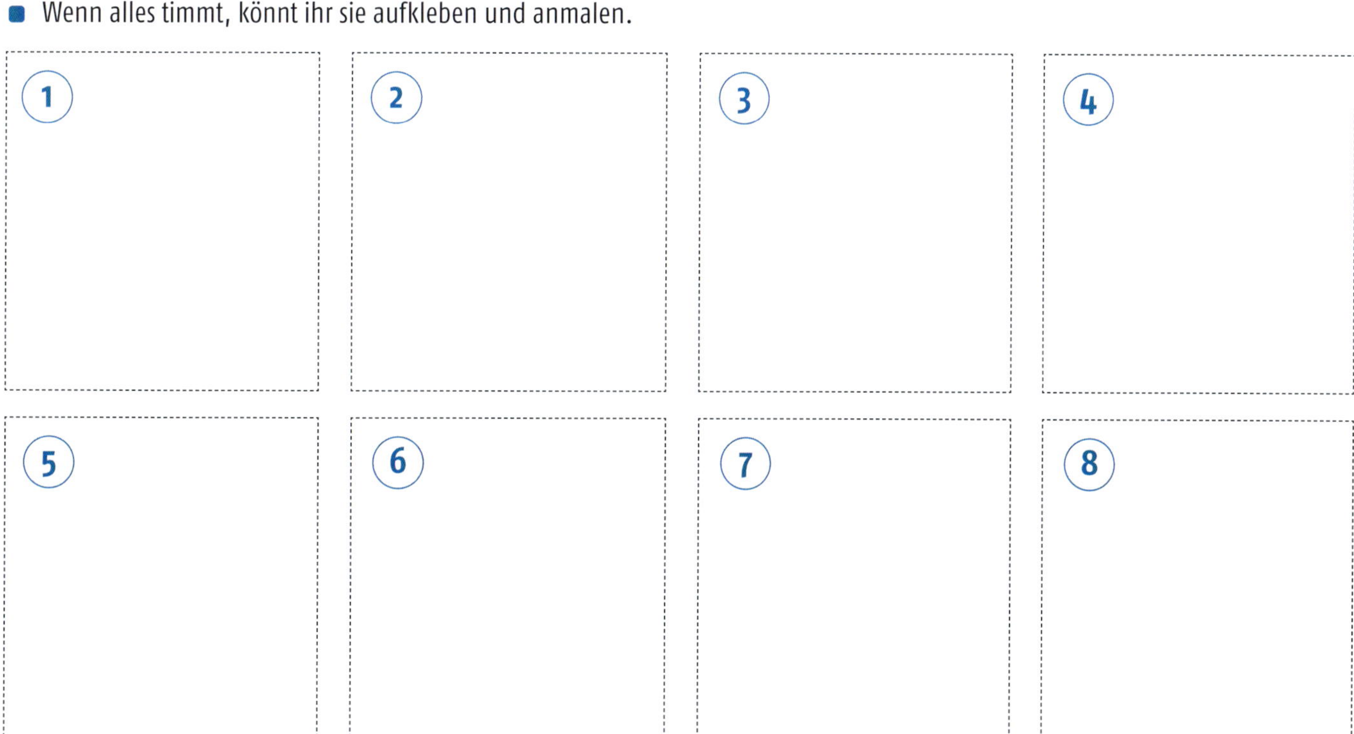

Heitere Spielstücke mit Musik

Zur schulischen Weihnachtsfeier gehören Weihnachtslieder, Gedichte, Tänze und Theaterstücke. Vielen Lehrer:innen fällt es schwer, bereits im September mit dem Einüben von weihnachtlichen Theaterstücken und Krippenspielen zu beginnen.

Die Tatsache, dass ein weihnachtliches Theaterstück oft nur einmal, nämlich auf der Weihnachtsfeier, aufgeführt werden kann, schreckt viele Lehrkräfte ab, den großen Aufwand in der sowieso schon stressigen Adventszeit auf sich zu nehmen. Zu viele Stunden müssen für das Üben eingeplant werden, dazu kommen das Herstellen oder Beschaffen von Kostümen, Requisiten und Kulissenbildern.

Wer nicht ganz auf das, bei Aufführenden und Publikum, sehr beliebte Theaterspielen verzichten möchte, findet in den hier vorgestellten kleinen Spielstücken genau das richtige. Die beiden Weihnachtswitze mit Musik können kurzfristig in Angriff genommen werden und bieten eine lustige Abwechslung zu den oft besinnlichen Beiträgen auf einer Weihnachtsfeier.

Audio:

33 ***Morgen kommt der Weihnachtsmann* – Playback**
34 ***Weihnacht auf hoher See* – Playback**

Sketche und Singspiele

Die beiden kurzen witzigen Sketche in weihnachtlichem Gewand (*Weihnachtsbesuch in der Schule*, *Weihnachten auf See*) lassen sich schnell aufführungsreif einüben und bereichern jede Schulfeier. Auch wer erst nach dem ersten Advent mit den Proben beginnt, kann noch gute Ergebnisse erzielen. Die zugehörigen Lieder sind einfach und die Melodien sehr bekannt. Natürlich können sie auch durch andere, bereits mit den Kindern eingeübte, ersetzt werden. Benötigte Requisiten und Kostüme sind oft in der Schule vorhanden oder werden gerne von den Schüler:innen mitgebracht.

Die Stücke können von den Kindern alleine, z. B. während einer Freiarbeitsphase, oder gemeinsam mit der Lehrkraft eingeübt werden. Sämtliche Spielszenen sind offen für Ergänzungen, Kürzungen oder Änderungen.

Es wirkt professionell, wenn zum Schluss der Vorführung noch einmal alle am Stück Beteiligten auf die Bühne kommen und sich verbeugen. Ein gemeinsames Weihnachtslied mit dem Publikum rundet die Aufführung ab.

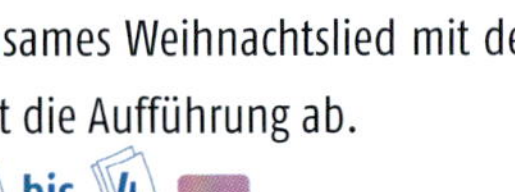
 33–34  bis 

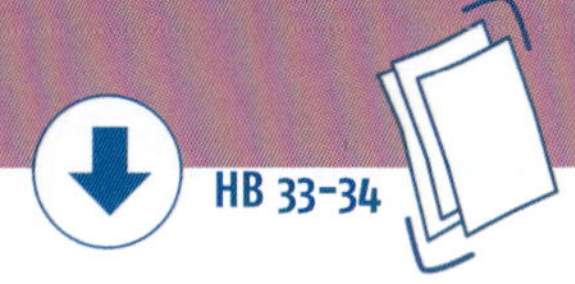

1 Weihnacht auf hoher See nach *My Bonnie is over the Ocean*

T: Heike Schrader
M: überliefert aus Schottland

© Heike Schrader

2. Ach Opa, erzähl' uns Geschichten.
Auch dafür ist Weihnachten da,
von Anfang bis Ende berichten
wie deine Seefahrt einst war.
Weihnacht, Weihnacht …

3. Im Wasser die Sterne, sie funkeln.
Das Boot, es fährt sicher und schnell,
und während wir lachen und schunkeln
wird's in der Kajüte schon hell.
Weihnacht, Weihnacht …

2 Morgen kommt der Weihnachtsmann

M+T: überliefert

3 Weihnachtsbesuch in der Schule

Personen:	Weihnachtsmann, Lehrkraft und mehrere Schüler:innen (mindestens 8)
Lied:	*Morgen kommt der Weihnachtsmann*
Kostüme:	Weihnachtsmannkostüm
Requisiten:	Schulmobiliar, Aktentasche für die Lehrkraft
Ausgangssituation:	Die Schüler:innen sitzen auf ihren Plätzen, haben ihre Schulsachen auf dem Tisch oder holen sie gerade heraus. Ein Platz ist leer. Es herrscht Pausenstimmung. Da geht die Tür auf und die Lehrkraft kommt mit dem Weihnachtsmann herein.

Lehrerin: „Guten Morgen, Kinder!"

Alle: „Guten Morgen, Frau ..., guten Morgen, Weihnachtsmann!"

Lehrerin: „Wie ihr seht, haben wir heute hohen Besuch. Der Weihnachtsmann will testen, ob ihr in der Schule etwas gelernt habt. Bitte meldet euch, wenn der Weihnachtsmann etwas fragt!"

Weihnachtsmann: „Wie viel sind vier plus vier?"

Kind 1 (meldet sich): „Acht."

Weihnachtsmann: „Richtig! Zur Belohnung bekommst du acht Nüsse von mir."

Kind 1: „Schade, wenn ich das vorher gewusst hätte, hätte ich hundert gesagt."

Weihnachtsmann: „Wenn ich in der einen Hand zehn Orangen halte und in der anderen zwölf, was habe ich dann?"

Kind 2: „Große Hände!"

Weihnachtsmann: „Jetzt wird es schwieriger. Teilt doch mal 16 Äpfel durch 17 Personen."

Kind 3: „Das ist ganz einfach. Ich mache Apfelmus daraus."

Weihnachtsmann: „Im Rechnen seid ihr unschlagbar. Ich will doch mal sehen, wie gut ihr euch in Sachkunde auskennt. Warum hat der Mensch zwei Arme?"

Kind 4: „Um zu arbeiten, Herr Weihnachtsmann!"

Weihnachtsmann: „Sehr gut, und wozu hat er zwei Beine?"

Kind 4: „Um vor der Arbeit davonzulaufen."

(Ein Kind kommt laufend in den Klassenraum.)

Lehrerin: „Du kommst ja schon wieder zu spät in die Schule, Sophie."

Sophie: „Entschuldigung. Ich habe heute Morgen zu viel Zahnpasta aus der Tube gedrückt und brauchte eine volle Stunde, bis ich sie wieder in der Tube hatte."

Lehrerin (zu Kind 5, welches gerade in der Nase bohrt): „Pfui, Dennis, man bohrt doch nicht mit dem Finger in der Nase."

Dennis: „Womit denn sonst?"

Weihnachtsmann: Ich merke, ihr seid eine coole Klasse. Dann will ich mal testen, wie gut ihr die Weihnachtsgeschichte kennt. Wie viele Könige haben Geschenke zum Jesuskind gebracht und wie heißen sie?"

Kind 6: „Drei Könige, Herr Weihnachtsmann, und ich heiße Lisa."

Weihnachtsmann: „Ich merke, ihr findet auf alles eine Antwort. Wer von euch heißt denn Mia"

Kind 7 (Mia): „Ich, Herr Weihnachtsmann."

Weihnachtsmann: „Deine Lehrerin hat mir erzählt, dass du so viele Weihnachtsgedichte kennst. Dann sag doch mal eins auf"

Mia, ungläubig: „Wirklich? Das ist alles? Mehr brauche ich nicht zu tun?"

Mia „Na gut. Eins auf!"

Weihnachtsmann: „Ho! Ho! Ho! Dann wollen wir zum Abschluss dieser Schulstunde gemeinsam ein Weihnachtslied singen.."

Lied: *Morgen kommt der Weihnachtsmann*

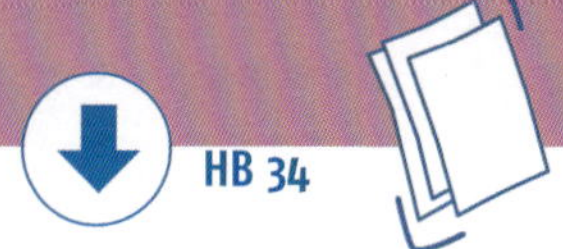

4 Weihnachten auf See

Personen:	Großvater und drei Enkelkinder
Lied:	*Weihnacht auf hoher See*
Kostüme:	Seemannkäppis (aus Papier falten), blauweiße Kleidung (Ringelhemd), evtl. weißer Bart und Pfeife für den Großvater
Requisiten:	Tisch, 4 Stühle, künstlicher Baum, mit Weihnachtspapier umwickelte Flaschenpost, Kinderschwimmring
Ausgangssituation:	Der Großvater und seine drei Enkel sitzen um einen Tisch herum, auf dem ein kleiner künstlicher Baum mit Kerzen steht. Der Schwimmring liegt neben dem Großvater auf dem Boden.

Großvater: „Meine lieben Enkel, wieder sind wir am Heiligen Abend auf hoher See. So lasst uns ein Lied singen, damit es in unseren Herzen Weihnachten wird."

Lied: *Weihnacht auf hoher See*

Enkel 1: „Opa, erzählst du uns eine Geschichte?"

Enkel 2: „Oh ja, eine Weihnachtsgeschichte."

Enkel 3: „Bitte, bitte, Opa."

Großvater: „Habe ich euch eigentlich schon mal die Geschichte erzählt, als ich dem Weihnachtsmann das Leben gerettet habe?"

Alle: „Nööö!"

Enkel 1 (droht mit dem Zeigefinger)**:** „ Aber Opa ..., nicht lügen!"

Großvater (entrüstet)**:** „Ich doch nicht. Also, ich schippere so auf meinem Kahn herum, da seh' ich ihn plötzlich am Ufer stehen."

Alle: „Den Weihnachtsmann?"

Großvater: „Den Weihnachtsmann in Badehose!"

Enkel 2: „Wirklich? In Badehose?"

Großvater: „Wenn ich es doch sage. Rot war sie, die Badehose. Da höre ich, wie er einen Angler fragt: Sagen Sie mal, kann man hier baden oder gibt es in diesem Gewässer Haie?"

Enkel 3: „Und, was hat der Angler geantwortet?"

Großvater: „Er sagte: ‚Hier gibt es keine Haie.' Also, der Weihnachtsmann mit Kopfsprung ins Wasser. Da, ein lauter Hilferuf! Ich hole den Rettungsring (Großvater nimmt den Plastikschwimmring), schmeiße ihn über Bord und ziehe den ängstlich schlotternden Weihnachtsmann auf meinen Kahn."

Enkel 1: „Aber der Angler hat doch gesagt, es gäbe im Wasser keine Haie."

Großvater: „Der Angler hat laut gelacht und gerufen: Ho! Ho! Dort, wo es Krokodile gibt, da gibt es keine Haie."

Enkel 2: „Opa, das ist doch bestimmt gelogen."

Großvater: „Wenn ich die Unwahrheit sage, will ich ab heute Kapitän Lügenbaron heißen."

Enkel 3: „Seid mal still! Da war doch was?" (Er geht fort und kommt mit einer von Weihnachtspapier umwickelten Flaschenpost wieder) „Hier, seht mal, eine Flaschenpost!"

Enkel 1: „Ich lese vor. Mal sehen, wer da schreibt: ‚An den Kapitän! Erstens habe ich weder Angst vor Haien noch vor Krokodilen, zweitens würde ich nie ins Meer springen ohne vorher geduscht zu haben, und drittens wünsche ich den drei Enkeln und dem Kapitän Lügenbaron ein Frohes Fest.' "

Großvater: „Oh, damit hab' ich jetzt nicht gerechnet."

Alle Enkel (entrüstet)**:** „Opa, du hast ja doch geschwindelt."

Großvater: „Vielleicht hab' ich mich tatsächlich geirrt – ich meine in der Farbe der Badehose."

Audio

1	*Engelschöre musizieren*	2:17
2	*Engelschöre musizieren* – Playback	2:17
3	*Kling, Glöckchen* – Playback	2:13
4	*Der Trommlerjumge*	2:33
5	*Der Trommlerjumge* – Playback	2:33
6	*Wisst ihr, was die Frösche* – Playback	0:36
7	*In der Weihnachtsbäckerei* – Playback	2:47
8	*Feliz Navidad* – Playback	2:53
9	*Ich wünsche mir zum Heiligen Christ* – Playback	0:39
10	*We wish you a Merry Christmas* – Playback	1:42
11	*We wish you a Merry Christmas* – Spielsatz Klangdemonstration	0:30
12	*Sleigh Ride* (Leroy Anderson)	2:45
13	*Oh Weihnachtsmann* – Playback	2:54
14	*Last Christmas* – Playback	4:34
15	Rap-Playback zu *Holler boller Rumpelsack* und *Weihnachten*	1:01
16	*Paimen laulaa*	1:23
17	*Paimen laulaa* – Playback	1:23
18	*Paimen laulaa* – Stabspielbegleitung	0:48
19	*Da ist ein Leuchten in der Nacht* – Playback	1:23
20	Stabspielbegleitung	0:32
21	*Ihr Kinderlein kommet* – mit Zauberspruch	1:39
22	*Kling, Glöckchen* – mit Zauberspruch	1:33
23	*O Tannenbaum* – mit Zauberspruch	1:38
24	*Lasst uns froh und munter sein* – mit Zauberspruch	1:39
25	*Schneeflöckchen, Weißröckchen* – mit Zauberspruch	1:06
26	*Alle Jahre wieder* – mit Zauberspruch	1:02
27	*Stille Nacht* – mit Zauberspruch	2:36
28	*Jingle Bells* – Playback	2:25
29	Nikolaus-Puzzle-Rätsel	3:34
30	*Ihr Kinderlein kommet* – Playback	1:33
31	Rätselaufgabe zu *Ihr Kinderlein kommet*	2:51
32	*Ihr Kinderlein kommet* – zwei Strophen mit Tierlauten	0:45
33	*Morgen kommt der Weihnachtsmann* – Playback	0:34
34	*Weihnacht auf hoher See* – Playback	1:59

Redaktion und Layout:
Friedrich Neumann / Dorothea Oettel
Notensatz:
Friedrich Neumann, Christoph Meyer-Janson
Grafik-Design und Cover:
Nele Engler
Illustrationen:
Silke Reimers
Fotos:
Frigga Schnelle
Sprecher:
Christoph Meyer-Janson
Musikeinspielungen:
Christoph Meyer-Janson (Piano, Programming)
Friedrich Neumann (Gitarre, Bass)
Sophie Rückemesser (Gesang)

Gesamtherstellung:
Studio Neumann, Glienicke

Bestell-Nr.: MIG 5028
ISBN:978-3-7957-3062-8

© Schott Music GmbH & Co. KG, Mainz 2024
Printed in Germany

Das Medienpaket enthält Playbacks und Klangmuster. Originalsongs können bei YouTube über die QR-Codes neben den Liednoten abgerufen werden.

Die Audio-Dateien finden Sie hier: www.schott-music.com/online-materialien
Web-Code: rfkb2RGK

Die Autorin

Frigga Schnelle
ist Grundschullehrerin i.R. und Mitherausgeberin der Zeitschrift **MUSIK in der Grundschule**. Sie ist seit Jahren in der Lehrerfortbildung tätig und hat an mehreren Schulbüchern und Unterrichtsmaterialien mitgearbeitet.
In der Reihe **MUSIK in der Grundschule spezial** hat sie u.a. *Boomwhackers® in der Grundschule*, *Minimusicals mit Pfiff*, *Weihnachtsmusicals mit Pfiff* (mit Heike Schrader), *Songs & Games for Kids* (mit Kirsten Algermissen), *Eine Schultüte voll Musik* und *Abenteuer Mozart* veröffentlicht.